WIZARD

投資哲学を作り上げる
保守的な投資家ほどよく眠る

by Philip A. Fisher

フィリップ・A・フィッシャー［著］
長尾慎太郎［監修］
丸山清志［訳］

Pan Rolling

Developing an Investment Philosophy / Conservative Investors Sleep Well
(Common Stocks and Uncommon Profits and Other Writings 2nd Edition)
by Philip A. Fisher

This translation published under license with the original publisher John Wiley & Sons International Rights, Inc. through Japan UNI Agency, Inc., Tokyo

監修者まえがき

本書は成長株投資の開祖であるフィリップ・フィッシャーの著した〝Developing an Investment Philosophy〟および〝Conservative Investors Sleep Well〟の邦訳である。これらは著者の書籍のなかで最も新しいもので教理の集大成と言ってもよい。その特徴は成長株投資に関する投資哲学創造の軌跡が綴られていることで、彼の投資哲学が実証主義に基づき行動と経験から導き出されてきた様子が子細に記されている。つまり、はじめに経験的に「金融市場でうまくいく方法」を発見し、次にその構造やメカニズムについて考察し、妥当性の高いモデルを構築する。さらに、それを実際に使ってみて修正を重ね精度を高めていく。ここでの評価指標は、あくまで現実世界においてモノの役に立つか否かであり、これを試みる者は検証・評価・改善のプロセスを繰り返す長い道程を歩むことになる。だが、その分だけ、完成された投資手法は客観的で再現性の高いものとなる。この投資哲学の主張は「これは正しい、なぜなら現場で実証されてきたからだ」である。

一方で、一般的な投資哲学は経済学の理論からの演繹によって成り立っている。つまり、まず学者が唱えた経済学上の仮説（例えば、効率的市場仮説など）があり、それを所与として、「金融市場はこうなるはず」という推論を導き出す。次に、それを過去のデータに当てはめて理論化する。これは、だれもが聞いたことがある仮説を出発点にしているので感覚的に理解がしやすく、その命題はアプリオリに正しいとされていることから、導き出された理論が真実であるか否かはだれも問わない。この投資哲学の主張は「これは正しい、なぜならもともと正しいはずだからだ」である。

これら二種類の投資哲学のうち、実際に金融市場で儲かるのは前者だが、他者の資金を運用する立場の（機関）投資家は、顧客への説明が容易であることから通常は後者を選ぶ。本書にあるように、フィッシャーは主観にすぎない机上の空論に批判的であったが、今では圧倒的多数を占める後者の投資家の存在が、前者の投資家が成功する構造をより強固なものにしている。本人が生きていたらこのアイロニカルな現実をどのように見るだろうか。

翻訳にあたっては以下の方々に心から感謝の意を表したい。翻訳者の丸山清志氏は分かりやすい翻訳を、そして阿部達郎氏は丁寧な編集・校正を行っていただいた。また本書が発行される機会を得たのはパンローリング社社長の後藤康徳氏のおかげである。

二〇一六年四月

長尾慎太郎

保守的な投資家ほどよく眠る

投資哲学を作り上げる

DEVELOPING AN INVESTMENT PHILOSOPHY

フランク・E・ブロックに捧ぐ

本書は、C・ステュワート・シェパード認定制度の下で創設されたCFA（米国証券アナリスト協会）の要請によって初めて出版されたものである。この認定は、米国証券アナリスト協会の発展において献身的な努力と素晴らしいリーダーシップを発揮し、ファイナンシャルアナリスト教育の発展に欠かせない役割を果たしたCFAのフランク・E・ブロック氏に贈られた。彼はまた、高い倫理行動規範の確立に寄与したほか、ファイナンシャルアナリストの継続教育促進のためのプログラムや出版物の開発にも貢献した。

はじめに

私が最初に米国証券アナリスト協会から、この専門書を書くように依頼されたとき、気持ちは断るほうに傾いていた。現実世界の私は多くのアメリカ人が引退する年齢になっていたが、私は精力的に自分のビジネスで活動を続けていた。これが実年齢のわりには健康と精神的若さを保つことができている重要な要素だと考えている。すでにいろいろな仕事で手いっぱいになっているが、私は自分の時間をさらにこの専門書の取り組みに費やそうと思う。

そこで、私はこの問題のもう一つの面について考えてみた。私は個人的にアメリカの自由な起業システムに対して、強い尊重と感謝の念を抱いている。しかし、これは政治家たちの手によって邪魔され、弱められ、その過程がゆがめられていった。その政治家たちは経済全体を構築するのではなく、その経済からの恩恵を不自然な形で配分することに精を出した。他人に害をなす行動を制限するだけでなく、自由な発案を制限するような規制を数多く作り、経済の全体的な利益が縮小する方向に進んだ。これはすべての人にとって損害となり、特に保護を与えられるべき人にまでその影響は及んだ。しかし、そのような問題に直面しているにもかかわらず、アメリカの自由な起業システムのお陰でわが国民は世界のほかの地域の人々に比べて、かなり高い生活水準を謳歌することができるようになったのである。アメリカの民間起業システムに近いものを実現できている国は二～三カ国あるのみである。適切な運営が続くという前提であと数年もすれば、このアメリカ式システムによる恩恵を完全に受けられない人は無能な人だけとなり、どの地域でも、どの社会グループでも、どの人種グループでも、枠の外にいる人はいなくなると、私は思っている。

しかし、わが国の自由起業システムに対する脅威として、高度な官僚システムによる脅威とおおむね対等のものがもう一つある。わが国の経済システムは投資に依存している。アメリカ人は貯蓄をリスクにさらすことに意欲的にならなければ、効率かつ生産性を高めるための道具を人間の創意を加えたうえで業界に供給することができない。人々がそのような行動に出るのは、自分のお金を米国企業の株式や社債に投じることが最高の利益につながると、自信を持って言えるときだけである。彼らがこのような感覚を持つのは、そのような行動から毎回ではなくとも長年の間に総じて儲けを手にした場合のみである。

ここで私は多くの価値がないと思われることに対して、投資界は極めて大きな責任を負っていると考える。株主がダメなアドバイスや惨めな結果から、「もう株はいい」と心に誓ってしまうと、アメリカのシステムが機能するために必要な資金がさらに減ってしまうのだ。私の考えでは、あからさまな不正行為というのは多くの株式投資家を幻滅させる要因としてはそれほど大きくはない。また、その愚かさも原因の一部ではあるが、主要な悪者ではない。投資家を幻滅させるのはむしろ、投資ビジネスにかかわる多くの人が関連する基本原則を理解していないことである。彼らはエネルギーを、実現不可能なものや重要でないものに注ぎ込む。一方、実現可能なことや重要なことを無視する。ここでパスツール以前の最も技術のある有能な外科医のことを考えてみよう。彼らは最高の技術を駆使して功績を残しても、患者が予期せぬ熱病にかかって亡くなったときには自責の念に苦しんだかもしれない。最も優秀な医師でも、手術の前に手洗いをしたりメスを殺菌したりする必要があるということを認識していた人は当時ほとんどいなかった。よって今日でも、投資に関して専門家の言うことに従い、ファンダメンタルズが株価に影響を与えるまで十分な投資期間を設定しないために、失敗に終わってしまう投資家があまりにも多い。投資の専門家はみんな、良い銘柄の短期的な下落が目前に予想されたとき、あとで安く買い戻すことができるとして、その株を売却するように促すことが多すぎる。私も優秀な証券会社とされている会社から特定の株式を売却し、二割下げたところで買い直すという推奨が出ているのを見たことがある。それはあたかも、だれもが多くの株式の価値を二〇％下げたところで正確に狙うことができると言っているかのようである。無限の精神エネルギーが市場全体での予測につぎ込まれている。しかし市場で起こることは、その市場内の個別の銘柄の値動きに比べると非常に小さい。ある株式が将来的に別の株式よりも大幅に上回るようになるための基本原則は、知られていないことのほうがあまりにも多い。誤った方向に導かれた投資家がお金を失う状況が繰り返されるのだ。このようなことがよく起こると、経済全体のシステムがうまくいかなくなる。

米国議会では、アメリカ人投資家保護の目的でSEC（米証券取引委員会）が創設された。より細かく見てみると、例えば仲介手数料稼ぎのための回転売買を防止したり、明らかな不正行為を撲滅したりする部分では、SECのお陰で数多くの弱い立場にある投資家の何百万ドル分も資金が救われたことは間違いない。しかし、能力不足や市場システムの仕組みを理解していないことで失われたお金のほうがずっと多く、このことを考えるとSECの効果はあまりなかったと言える。その理由を見つけるのはそれほど難しくはない。最近、共和・民主両党の代表はSECメンバーとして主に法人の顧問弁護士を指名した。私の知るかぎりでは、メンバーを指名した政府内でもその指名を承認した上院公聴会でも、指名された人々の投資家としての経験や成功の状況については、まったく注目されなかった。それがどのような結果を招いたかについては少しも驚かなかった。SECが誠心誠意の努力をし、投資ビジネスを行う人間を、不誠実なディーラーではなく、誠実なディーラーにしようとした。そのためにSECが官僚的で面倒な手続きを数多く作りだしたのだが、そのかなりの部分は非生産的で無意味なもので、そのコストの多くの部分が投資家や消費者により負担されることとなった。しかし、最も誠実なディーラーと付き合いのある投資家でも、長期的に勝つ人が現実的にはほとんどいないという事実を考えるのは大事なことである。ここでの問題は、SECが今の方向性を維持していくとすると、この組織が米国経済システムのために役立つことはほとんどないということだと思う。

ここ数年の株式投資離れの残念な傾向を見ながら私が感じることがあるとすれば、これまでの流れを逆転させるためにできることは一つだけあるということだ。一九七〇年代には素晴らしい投資のチャンスがあったが、それは私が投資にかかわってきたそれ以前の四〇年間でも同様だった。必要なことは、何を求めてそれをどのように把握するかについて、もっと多くの人が知ることである。投資界全体としての成績の水準を引き上げる方法は、この知識をできるだけ多くの若い人々に、特に経営大学院に在籍して、いずれは投資ビジネス業界に入ってくる若者に伝えることである。自分の顧客のために、お金の失い方ではなく、稼ぎ方を、すでに投資業界に在籍している人よりも大きな割合を占めることになる新規参入者に理解してもらえば、業界の実績も改善するはずである。したがって、国全体も潤うことになる。

私はこの一連の専門書の企画が特にファイナンスを学んでいる大学生をターゲットとしているという話を聞き、依頼されている企画を引き受け、成功させようという意欲が強くなった。この専門書は私独自の投資哲学について述べ、正しく行うことのできた事例や、特に間違った事例を通してこの投資哲学が年々どのように発展し変化したかということを説明しようというものだ。

ここで一点だけ、はっきりさせておくべきことがある。それは私の方法が株式市場で価値ある結果を出すための唯一の方法だという妄想のようなものに、私がとりつかれているわけではないということだ。多くの人にとっては、ここに書いたものが最高の方法ではないだろう。そもそも非常に異なるアプローチが二つあるが、両方とも正しく実行されれば成功率も高く、株式投資でかなりうれしい結果を出すことができる。私のものとは異なる手法はベンジャミン・グレアムによって確立された。その手法はオリジナルのまま、あるいはいくつかのバリエーションを加えた形で実践されてきたが、彼を含めて実践した人には大きな見返りがもたらされた。グレアムの手法は現時点でかなり過小評価されている株式を見つけるもので、今日それを買えば将来的に内在的な価値が高まっても高まらなくても、いずれは儲かるというものである。私の手法はこれと大きく異なる。私の手法は将来的に内在価値が大きく上昇しそうな状況を見つけだし、市場のワナにはまらないようにして高く買いすぎないようにすれば、いずれはお金が儲かるというものである。しかも、非常に大きな儲けを手にできるというものだ。

繰り返しになるが、内在価値の将来的な上昇から儲けを手にするために買う手法のなかで、私のものが価値の大きい結果を出すための唯一の方法というわけではない。自分の性格に加え、何年もの間に自分に叩きこんできた規律があるため、この手法が私にとって最高のものとなっているのである。ほかにもある部分では似通っているが、ほかの部分では異なる手法を使い、劇的に良い成果を収めている人も知っている。当然、これらすべての手法は資本の大きな増加を求め、利益からの経常的な所得の大きさをその目的に進んで合わせることができる人にとってお得になるようになっている。

いずれにしても、私は自分に与えられた仕事を全うするためにできるかぎりの力を注いだ。

うまくいったことばかりを取り上げようとも思わないが、たくさんあった失敗ばかりを記すというわけでもない。本書で述べることすべてが、わずかでも投資ビジネス業界に入ってきた人や入ろうとしている人の手助けとなり、彼ら自身やその顧客のためにより良い仕事ができるようになれば非常にうれしい。

フィリップ・A・フィッシャー

第1章　哲学の原点

投資への規律あるアプローチを理解しようとするときはいつでも、最初に必要なことはその方法論が作られている目的を理解することである。フィッシャー・アンド・カンパニーによって運用されているファンドでは、チャンスを逃さないために一時的に現金化されていたり、現金同等物にされている場合を除いて、すべての資金を運用の特徴に生かすために、その業界よりも高い割合で売り上げが伸び、さらには利益が増加しているごく少数の企業に投資をすることを目的としている。また、それらは比較的低いリスクで実現されるべきだと考えている。フィッシャー・アンド・カンパニーの基準に適合する会社の経営者は、長期的な利益を手に入れるために実現可能な方針を持っていなければならない。これに加えて二つの資質も必要となる。一つは毎日のルーティーンをこなすなかで日々のパフォーマンスを向上させて、長期的な目的を実現することである。もう一つは大きな過ちを犯してしまったとき——それは経営者が革新的な考え方や新製品などを通して独自の利益を手にするために奮闘しているときによく起こりがちであるが——、経営者が成功に非常に満足してしまっていても、その間違いをきちんと認識し、それを矯正する行動を取ることである。

私は製造業の会社の性質をよく理解しており、フィッシャー・アンド・カンパニーの助言ユニバースを、最先端技術と目標達成のための卓越した経営判断を併せ持つ製造業の会社にほぼ限定している。ここ数年はフィッシャー・アンド・カンパニーの投資も同じ業種に絞っているが、それはこの業種以外に投資したとき、その結果に満足できなかったからである。しかし、小売りや運輸や金融などのような分野で必要な専門知識を持った人が同じ手法を適用したときに、良い結果が出ない理由はないと思う。

投資哲学はだれかのアプローチをそっくりまねたコピーでもないかぎり、一日や一年で完璧に形成されるということはあり得ない。私自身の場合もかなり長い時間をかけて作り上げたものであり、そのなかには他人の成功や失敗を見て学んだものもあるが、大部分は自分自身の過ちから学んだ。それは大きな痛みを伴うものだった。恐らく私の投資アプローチを人に説明するときの最も良い方法は、歴史的な道筋をたどることである。この理由から私は初期の形成期へとさかのぼり、この投資哲学がどのように発達してきたのかを細かく区切って説明しようと思う。

興味の萌芽

私が最初に株式市場や、変動する株価によって限りない可能性が生み出されるということを意識したのは、かなり若いときだった。父は五人兄弟の末っ子であり、母は八人兄弟の末っ子だったため、私が生まれたときに祖父母は一人しかいなかった。私が祖母に対して特に親しみを感じる理由はそこにあったのかもしれない。ともかくある日の昼下がり、まだ中学校を出るか出ないかの私は祖母に会いに行った。そのとき、伯父が来年の景気動向や、それが祖母の持ち株にどのような影響を与えるかについて話し合っていた。このとき私の目の前にはまったく新しい世界が開けた感じがした。いくらかお金を貯めれば、何百もある全国の企業のなかから自分の好きな一社を選び、その将来の利益を共有できる株式を買う権利が手に入るのである。正しく選べばその利益も本当にワクワクするものとなる可能性がある。そのビジネスを成長させる要素を判断するという考え方自体が私にとって魅力的なものだった。その株式市場に正しく参加できるようになれば、それまで自分が知っていたほかの物事が比べものにならないほどつまらないものになってしまう。伯父が帰ると、祖母が私に向かってせっかく来てくれたのに伯父が立ち寄ったりしてしまって悪いことをしたと謝って、私のまったく興味のないことを話すのに時間が費やされてしまった。私は逆に祖母に対して、伯父と話していた時間はほんの一〇分程度のように思えたが、何かとてつもなく興味深い話を聞いた気がすると伝えた。何年もたったあと、私は祖母が持っていた株式はほんの微々たるもので、あの日私が耳にした話は極めて表面的なものだったことに気づいた。しかし、あの会話をきっかけに私の興味に火がつき、それが私のその後の人生をずっと灯し続けているのである。

こうして株式投資に興味を持った私は、法的に厳格な現代と違っておおらかだった一九二〇年代中盤、すさまじいブルマーケットのなかで自力で数ドルの儲けを出すことができた。しかし、医師だった父から、私は投資をやめるようにと強く言われていた。父は株式投資から学べることがギャンブル癖くらいだろうと思っていたのだ。しかしそうではなかった。私は性格的に単に賭け事をするためだけに賭け事をするような人間ではなかった。一方で、昔を振り返ってみると、当時の私の非常に小さな株式投資活動からは、投資の方針という点では大きく意味のあることが何も学べていなかった。

貴重な経験

一九二〇年代の大きなブルマーケットが暴落の終末を迎えるまでには、私は株式投資の経験を通して、その後にも使うことができる大切なことをたくさん学んだ。一九二七～一九二八年、私はスタンフォード大学に当時できたばかりの経営大学院の一年生として入学した。その年の講義の二割、つまり週一日はサンフランシスコのベイエリアの大企業の訪問に充てられた。この活動の指導に当たったボリス・エメット教授がこの使命を与えられたのは、平凡な学問的バックグラウンドを持っていたからではなかった。当時の通信販売大手は、販売商品のかなりの部分を同種の企業しか顧客に持たない業者との契約で仕入れていた。この手の契約はメーカーにとって非常に厳しいものが多く、非常に利幅も小さくメーカーの財政状況が厳しくなることもしばしばだった。納入業者がつぶれていくのは、通信販売業者の利益にはならなかった。エメット教授がそのような通信販売の会社に専門家として起用されて数年がたっていたが、彼の仕事はこのように厳しい環境で経営が傾いている会社を救済することだった。その経験があったので、経営についてかなりの知識を持ち合わせていた。この講義を進めるうえでのルールの一つとして、工場見学だけをさせて終わりにする会社は訪問しないこととされていた。「歯車が回るのを見た」あとに経営陣は進んで私たちとの面談に応じてくれ、教授の非常に鋭い質問を浴びながら、この事業の本当の強みと弱みについて私たちに何かを学ばせてくれた。このような学習機会は私がまさに探し求めていたものだった。そして、この講義ならではのメリットも享受することができた。半世紀以上も前、自動車と人の比率が現代と比べてぐっと低かったころ、エメット教授は車を持っていなかったが、私は持っていた。そこであちこちの工場を訪問するのに、私が車を出して教授を乗せていた。行きの車のなかでは彼に大したことを教わらなかった。しかしスタンフォードへの帰路では必ず、教授は訪問した会社について実際に思ったことを口にしてくれた。これは最も価値のある学習経験となり、今でもその恩恵にあずかっている。

このような訪問をしていたときのある工場で、私はその数年後に大きなお金になるという確信を持つようになる特別な経験をした。実際にこれが私のビジネスの基盤となった。それは、私たちがたまたま一社ではなく、二社の製造工場を訪問した週のことだ。二つの会社はサンノゼにあり、お互い隣同士だった。一つはジョン・ビーン・スプレーポンプという会社で、果樹園などの害虫駆除のための殺虫剤スプレーに使われるポンプの世界的メーカーだった。もう一つの会社はアンダーソン・バーングローバー・マニュファクチュアリングでこちらも世界のトップ企業だったが、果物の缶詰の製造機器の分野だった。一九二〇年代に「成長企業」という言葉は、まだ金融界では使われていなかった。しかし私がぎこちない感じで教授に対して、「この二社は現在の規模をはるかに超えて成長する可能性があり、これまで訪問した会社とは比べものにならないと思う」と言うと、教授はそれに賛同してくれた。

またドライブの時間を少し利用して私はエメット教授のこれまでのビジネス経験について尋ね、そこでも後に私の大きな助けとなる別のことを学んだ。それは、事業の健全性のためには販売が極めて重要であるということだ。会社は極めて効率的な製造業者であるかもしれないし、発明家が並外れた可能性を秘めた製品を温めているかもしれないが、事業の健全性のためにはけっして十分とは言えなかった。会社の製品の価値について他人を説得できる能力を持った人間が自社内にいなければ、そのような企業は自身の運命を本当の意味でコントロールすることができない。あとになって私はこの考えを発展させ、強い販売部門を持っていても十分ではないという結論を組み立てた。本当に投資価値のある会社になるためには、自社製品を販売する力があるだけでなく、顧客の変化するニーズや要望を査定する力もなければならない。言葉を換えると、本物のマーケティングの概念に含まれたすべてをマスターすることである。

経験という学校で学んだ最初の教訓

一九二八年の夏も近づき、経営大学院での最初の学年も終わろうとしているころ、絶好のチャンスが私に訪れ、これを逃してはならないと思った。現在、この学校には何百人もの学生が入学してくるが、これとは対照的にまだこの大学院の歴史の三年目でしかなかった私のクラスの学生は一九人だった。私の一級上で卒業を控えた学年にはわずか九人だった。その九人のなかでも金融の知識を持っていたのはたった二人。当時の株式市場が大きく動いていた時代に、この二人ともニューヨークにある投資信託会社に引き抜かれていった。押し迫った時点になって、サンフランシスコの独立系銀行（何年もたったあとにこの銀行は地元のクローカー・ナショナル・バンクに買収された）が、投資について訓練を受けている大学院生の求人を送ってきた。学校側としてはこのチャンスを逃すまいと躍起になった。もし大学の学生がこの銀行に就職できれば、これを足がかりにして将来の学生にとっても就職のチャンスが与えられることになるからだ。しかし、この大学には送ることのできる卒業生がいなかった。簡単ではなかったが、このチャンスについて耳にした私は最終的に大学を説得して、うまくいけば銀行にとどまるという考えで銀行に就職した。もし十分な働きができなければ大学の二年生に戻ることにし、銀行側にも大学が完璧に訓練された学生を送ったふりをしていないということを理解させた。

暴落前当時の証券アナリストは統計士と呼ばれた。それから間もなくして起こった三年連続の大暴落のためにウォール街の統計士の仕事はひどく汚されることとなり、彼らの名前は証券アナリストと変えられるようになったのである。

私はその銀行の投資銀行部門に統計士として配属すると言われた。当時の銀行には、ブローキング業務と投資銀行業務を区別する法的な壁は存在していなかった。私に課せられた任務は極めて単純なものだった。私に言わせれば、その仕事は詐欺のようなものだった。銀行の投資銀行部門は高利回りの新発債券の販売業務を行い、引き受けシンジケートの一部を形成して、大きくまとまった手数料を稼いでいた。彼らが販売する債券や株式についてはその質を評価しようという試みは何も行われず、むしろ当時の売り手市場ではニューヨークの提携業者や大手投資銀行からもちかけられたシンジケートならば、何でも喜んで受け入れていた。すると銀行の証券営業マンが、銀行には統計的な研究をする部門があり、お客様の資産を調査して、保有しているすべての証券についての報告書を発行することができると顧客に説明をする。この「証券アナリスト」という人たちが実際にやっていたことといえば、当時発行されていた要覧集から対象企業のデータを探すことだった。ムーディーズやスタンダード・スタティスティックスなどである。それから私のような普通の人間が、要覧集のなかで報告されている内容以上の知識は何も持っていないにもかかわらず、その要覧集の文言を単に言い換えて自分のリポートを書くのである。どのような会社でも売上高の大きい事業をしているところは、例外なく「経営良好」と報じられた。単に大きいという理由だけしかなかった。私が分析した顧客の保有銘柄から当時銀行が売ろうとしていた証券に乗り換えさせるような推奨を顧客にしろというような直接的な指令は何もなかったのだが、全体的な雰囲気としてはこのような分析を奨励する向きがあった。

基礎を築く

このような全体的に表面だけの行為を目の当たりにして、私はほかにもっと良い方法があるに違いないと思うようになった。私は極めて運が良く、直属のボスが私の心配を理解して時間を与えてくれ、私が提案した実験をやってみろと言ってくれた。一九二八年の秋、当時のラジオ関連株には非常に大きな投機的関心が向けられていた。私は銀行の投資部門の社員と名乗って、サンフランシスコの小売事業者のラジオ部門のバイヤーたちにアプローチした。私は彼らに業界の主要な競争相手三社についてどう思うか意見を求めた。驚いたことに、それぞれから同じような答えが返ってきた。その一人で、そのなかの一社で働いた経験を持つエンジニアの男性から非常に大きなことを学んだ。三社の一つであるフィルコという会社は未上場だったために株式市場ではチャンスがなかったのが私にとっては残念だったが、市場に特にアピールできるモデルを開発した。結果的に市場シェアを拡大していき、生産効率も非常に高かったために素晴らしい利益を出していた。ＲＣＡは当時の市場シェアをちょうど維持している状態であり、またもう一つの会社は当時の株式市場では非常に人気の高い会社だったが大きく衰退しかけており、問題が起こりそうな兆候が見えていた。これら三社はいずれも、銀行がラジオ関連株を扱っていなかったために、銀行との直接的なつながりはなかった。しかし、評価リポートを一つ書くことで私の銀行内での立場が大きく良くなりそうだった。それはリポートを読む銀行の多くの幹部がこの投機的な動きにかかわっていたからである。これらの「熱い」ラジオ関連株について話しているウォール街の金融機関からは、この投機を楽しんでいる人たちの元へ明らかに忍び寄っていた問題に言及するような言葉は一切聞こえてこなかった。

それから先の一二カ月、株式市場は何も考えずに明るい方向へ動き、多くの株は新高値を付けたが、問題ありとして私が選んだ株式が上昇相場のなかでどんどん下落していき、ますます注目されるようになった。これが私の最初の教訓であり、後に私の基本的な投資哲学の一部となるものだった。つまり、ある会社の財務データの印刷物を読むだけでは投資を裏づける十分な材料とはけっしてなり得ないということだ。慎重な投資をするための主要なステップの一つは、会社の問題について直接事情を知っている人から情報を得るということである。

しかしこの初期段階ではまだ、この考え方を構成する次の論理ステップを心得てはいなかった。これに加えて必要だったことは、会社を経営している人々と自らが直接知り合いとなるか、その人たちのことをよく知っていると自信を持って言える人を見つけ、投資という視点から可能なかぎり経営者のことを知ることである。一九二九年に入ると、私は問題なく続いているように見えるその熱狂的なブームには根拠がないということにますます確信を持つようになっていった。株価は引き続き最高値を更新していったが、その根拠になっていたのは「新時代に入った」とする驚くべき理論だった。そのため将来的に毎年一株利益が伸びていくことは当然のこととされていたのだ。それでも私が試算したアメリカの基本経済の見通しでは、多くの企業は需要と供給の問題を抱えており、そのため会社の将来もかなり危うく見える。

一九二九年八月に私は別の特別リポートを銀行の幹部に向けて発行した。そして、続く半年の間に四半世紀に一度の大きなベアマーケットが始まると予測していた。ここで、自分の予想が的中して、その英知から大きな利益を手にしたと書ければ、私のエゴは大いに満足できるだろう。しかし、事実はかなり違っている。

私は、一九二九年の株式市場が全体的に割高で危険すぎるという強い感覚があったにもかかわらず、マーケットのワナにかかってしまった。これをきっかけに私は周りを見回し、少ないながら「まだ割安な」銘柄がないか、「まだ上昇していないために」投資する価値の残されている銘柄を探した。私は数年前の株式取引で儲けたちょっとしたお金と、給料の大部分をためて作った貯金、大学で稼いだわずかなお金をかき集めて、なんとか一九二九年内に数千ドルを用意した。このお金をほぼ三等分にして、無知ながらも割高になっているマーケットのなかでも割安な評価を受けていると思われる三銘柄に投資した。一つは主要な機関車メーカーで、この会社のＰＥＲ（株価収益率）はまだ比較的低水準だった。鉄道関連機器はすべての産業のなかでも最も景気循環の影響を受ける業種であるので、これから襲ってくる不景気のなかで会社の売上高と利益に何が起こるかを想像するのはそれほど難しくはない。残りの二つは地元の広告会社とタクシー会社で、いずれも非常に低いＰＥＲで取引されていた。私はラジオ関連株に将来起こることを探り当てるのに成功したものの、地元のこの二社について、その情報を入手したり、事業を経営している人自身に面会したりすることは比較的簡単なことだったが、近いがために単にそれを知る人に同様の質問をするということに考えが及ばなかったのである。景気悪化が拡大していくと、私はこれらの会社がなぜ低いＰＥＲで取引されていたのかについて鮮明に理解することとなった。一九三二年には、私が持っていたこれらの会社の持ち分の時価総額は、初期投資の金額の何割にも満たない状態になっていた。

最大級のベアマーケット

私がお金を失うことに強い嫌悪感を抱いていることは、自分の将来の幸福のためにも幸運なことだった。私は常に愚か者と賢い人の大きな違いは、賢い人は自分の間違いから学び、愚か者はけっして学ばないことだと信じてきた。これを原則として自分の間違いを丁寧に反省し、二度と繰り返さないようにすることである。

私の投資に対するアプローチは、一九二九年の過ちから学ぶとさらに発展していった。私が学んだことは、ＰＥＲが低いときでも株式は魅力的であることもあるが、ＰＥＲが低いということだけでは何にもならず、会社の弱さの度合いを示す警告指標となることが多いということだ。当時のウォール街の意見とは逆だが、ある株式が割安か割高かを判断するときに本当に重要なことは、その会社の当期の年間利益に対する倍率ではなく、数年後の利益に対する倍率である。仮に割と広い幅があっても、会社の利益がこれから数年後にどうなっているかを判定する能力があったならば、損失を回避することと素晴らしい利益を手にすることに関する鍵を見つけることができただろう！

低ＰＥＲとは、ある株式についてバーゲンセール中だと偽っている単なる投資のワナのサインであることが多いということを学んだ。それに加えて、当時の最大級のベアマーケットの間の私の惨めな投資成績によって、私は大変重要なものを明確に意識することができるようになった。ブルマーケットのバブルがいつ弾けるかというタイミングに関して私が正しかったということは壮観で、それから起ころうとしていたことの全容を判定することにおいてもほぼ正しかったと言える。それでも非常に小さな輪の人々の間で私の噂がこじんまりと広まった以外は、何も良いことはなかった。それ以降は投資方針やある個別銘柄の望ましさや売買についての正しい理論付けはどのようなものでも、実際に特定の取引が完了して行動に移されるまでは、わずかな価値すらないのだということに気づいた。

やりたいことをするチャンス

一九三〇年の春、私は職場を変えた。この話をする理由はただ一つ、このことがきっかけで私をそれ以降ずっと導いてきた投資哲学が形成される基となる出来事が起こったからだ。地場の証券会社が私にアプローチしてきて、当時の田舎の二二歳にとっては拒否し難い給料を提示してきたのである。そのうえ、彼らが提示してきた仕事は投資銀行部門の「統計士」という満足のいかない仕事よりもはるかに魅力的な仕事だった。ノルマといったものは何もなく、自由に自分の時間を使って個別銘柄を調査して、それぞれの特徴を根拠として買いあるいは売りに最も適切な候補と思われる銘柄を探せばよかった。それから自分の結論をリポートに書き、それを会社が採用した証券仲介人に回して、それぞれの顧客にとって利益になりそうな取引を促す支援をするのだった。

この仕事の話があったのは、ちょうどハーバート・フーバー大統領の「好況はすぐそこだ」

という言葉が有名になった直後だった。証券会社の社員のなかにもこれを絶対的に信じていた人が複数人いた。一九二九年の大恐慌の結果として会社の従業員数は一二五人から七五人に減った。会社の話では、私がこの話を受け入れれば七六人目になるという。私は彼らの強気とは対照的に弱気だった。私の感覚ではあのベアマーケットはまだ出口から程遠かったのである。私は会社に対して一つの条件を提示した。私の仕事の質に不満があれば、会社は自由にいつでも私をクビにしてよいが、金融市場が悪化してさらに雇用調整をしなければならなくなった場合、私の若さを理由に解雇することは絶対にしないということだった。会社はこの条件をのんだ。

惨事から生まれるチャンス

雇い主として、これ以上良い人々を望むことはできなかった。それから八カ月の間、私は人生のなかでも最も価値があると言えるビジネス教育を受けた。私はこの目でやってはならない投資ビジネスの事例を次々と見た。一九三〇年に入り、株式市場では再びほぼ終わりの見えない下げ相場が続き、私の会社の立場も徐々に不安定となっていった。そして一九三〇年のクリスマス直前、あの経済的大惨事のなかを生き抜いてきた私たちは、支払い能力の不足から自社の業務すべてがサンフランシスコ証券取引所から扱いを停止させられるという、厳しい現実を目の当たりにしたのである。

自分の会社に起きたこの厳しい出来事は、私の人生におけるキャリアのなかでは、一番とまではいかないにしても、最も幸運な展開の一つとなった。しばらくの間、景気が回復したら独立して、顧客から手数料を頂いて資産運用をしていこうとなんとなく計画を立てていた。私は意図的にこのように回りくどい言い方で投資カウンセラーや投資アドバイザーの活動を説明しているが、それは当時どちらの言葉もまだ使われていなかったからである。しかし、一九三一年一月のあの暗い時期にほぼだれもが金融ビジネスの縮小のあおりを受けるなかで、証券業界で見つけることができる仕事といえば完全に事務員の仕事だけであり、私にとってはまったく魅力のないものだった。もし私が正しく状況を分析していれば、私が温めていたような新規事業を始めるには絶好のタイミングだったことに気づいていただろう。そのために二つの理由に気づいていたはずである。一つはわが国が経験したなかでも最も厳しいベアマーケットと言われる二年近くの期間が過ぎ、ほぼ全員が既存の証券会社とのつながりに強い不満を抱いており、私のように若く、顧客の資産を根本的に違ったアプローチで扱う人間の言うことにさえ耳を貸す気分でいたということだ。また景気が一九三二年に底打ちするころには多くの重要な実業家もやることがなくなり、電話をかけてくる人に面会する時間もできていた。普通のときであれば秘書が私のような人間を通してくれることはないだろう。私のキャリア全体を通して最も大切な顧客の一人で、今でも家族の投資を担当している男性はその典型的な例である。何年かたってから彼が教えてくれたことだが、私が彼に電話をかけた日は特にすることもなく、ちょうど新聞のスポーツ欄を読み終わったところだった。そこで秘書から私の名前と要件を聞くと、「この男の話でも聞けば、少なくとも暇つぶしにはなる」と思ったそうだ。そして「君が一年後くらいに来ていたとしたら、私のオフィスに入るチャンスはまったくなかっただろうね」と告白してくれた。

準備は整った

これがきっかけとなり、ある天井の低いオフィスを借りて、それから数年懸命に働くこととなった。窓もなく、ちょっとしたガラスの仕切りが二面の壁の代わりになっていた私のフロアスペース全体の大きさは、デスク一つと自分のイス、そしてもう一つのイスを入れるとほぼいっぱいになる程度だった。これに無料の市内通話サービスを入れ、スペースを借りていた男性の秘書兼受付係に秘書的な仕事を手伝ってもらっていたので、私は月に二五ドルという相応の費用を支払っていた。その他の経費としては文房具や切手代、めったにしなかった長距離電話の料金くらいだった。今でもとってある帳簿をみると、一九三二年に新しい事業を始めることが本当に難しかったことがうかがえる。非常に長時間働き、前述のような経費を支払ったあとに手元に残る利益は、その年の月平均で二・九九ドルだった。まだ大変だった一九三三年にはちょっと良くなり、改善率としては一〇〇〇%にわずかに届かない程度で、月平均にすると収益は二九ドル強だった。これは、もし私が通りで新聞の売り子をしていたら稼げた金額である。しかしその後の私にもたらしたことを考えると、この二年は私の人生のなかでも最も有益な年だったと思う。私にとって極めて収益性の高い事業の基盤となり、一九三五年までの間に獲得できた顧客は皆、非常に信頼のおける方たちである。より良い時期が来るのを待たずにこのビジネスを始めることができたのは、私の考え方が素晴らしかったからと言うことができればいいのだが、実際には唯一空きのあった仕事に魅力がなかったことが、この道へ私が進む後押しとなったということだ。

第2章　経験から学ぶ

銀行で働いているとき、私はスタンフォードの学生時代に強い好奇心をかきたてられた、サンノゼにある二つの会社に関心を寄せていた。一九二八年、ジョン・ビーン・マニュファクチュアリングとアンダーソン・バーングローバー・マニュファクチュアリングは、イリノイ州フープストンの野菜缶詰の主力メーカーであるスプレイグ・セルズという会社と合併し、フード・マシーナリー・コーポレーションという新会社を設立した。

国中が投機的な動きに覆われたときは買い手の熱狂に苦しめられるが、フード・マシーナリーの売り出した株式も需要に応えて株価を上げていった。同じ一九二八年のうちに少なく見積もっても二〇銘柄、もしかしたらその二倍もの銘柄が新規上場し、サンフランシスコ証券取引所の会員の手でベイエリアの熱狂的な買い手に渡っていった。上場した株式のなかには健全性に疑問のあるところもあったが、それも恐れられることはなかった。ある証券会社の役員によると、その会社は水を太平洋の向こうから運んできてビン詰めにして販売する会社の株式を売り出したのだが、引受会社の手元には財務諸表すらそろっておらず、水を採取するとされる源泉の写真と株式を売り出す株主の個人情報が少しある程度だったのだ！　一般大衆の心理では、フード・マシーナリーの株式もその年のエキサイティングな新規上場の銘柄の一つでしかなく、その他の銘柄と比べて良いか悪いかの区別もほとんどされていなかった。付けられた初値は二一・五〇ドル（当時は分数表示だったが、分かりやすくするために小数点表示にした。以下、同様）だった。

当時、株式を操作するための共同基金の運営は一般的に合法とされていた。ある地元の団体は基金運営に関する専門性が特になかったものの、フード・マシーナリーの熱狂的ファンである人物が中心にいて、この会社の「株価を操作すること」を決めたのだ。このような基金は、基本的に似通った手法を用いる。団体の会員同士で株式の売買を繰り返し、少しずつ株価を吊り上げるのである。ティッカーテープに記録された一連の値動きが多くの人に注目されるようになり、そしてその人が買いを入れ、基金よりも高い株価で株式を取得していく。この操作を行う高い技術を持っている人は何百万ドルも儲けていた。そのような人物の一人が一年ほどあとにジュニアパートナーにならないかと私に持ちかけてきたが、この人物もこの怪しげな技術に関して経験をたくさん重ねており、有能な実務家とされていた。それでもこのフード・マシーナリーの共同基金運営者の目的は株価操作ではなかった。一九二九年秋、株式市場は目の前に断崖絶壁を控えていたが、この基金は公開される予定だった株式の大部分をようやく取得し終えた。フード・マシーナリーの取引価格はピークのときには五〇ドル後半まで上がっていたが、その結果として一般に出回っている株式はほぼなくなっていた。

それから毎年会社の業績は前年比で悪化していき、一九二八年のブームのときに上場した価値のない小さな企業の身に何が起こるかは明らかだった。このような会社は次々と倒産していき、残った企業でも赤字決算の企業のほうが黒字決算の企業を大きく上回るようになった。この手の会社の株式のマーケットはおおむね干上がっていった。

この仲間に入る企業のなかでも、フード・マシーナリーのようにファンダメンタル的に健全で魅力のある会社はほかにも一社か二社あった。しかし、大衆はまったく識別力をなくしてしまい、すべての株式は投機のための紙くずに毛が生えた程度のものとしか思われていなかった。市場が一九三二年に大底値を付けるころ、同時に全国の銀行システム全体が閉鎖され、一九三三年三月四日にフランクリン・D・ルーズベルト大統領が就任するのに合わせてフード・マシーナリーの株価は四～五ドルまで下げ、三・七五ドルの最安値を付けた。

フード・マシーナリーへの投資チャンス

一九三一年に入り、まだよちよち歩きの自分のビジネスでのチャンスを探しまわっていたとき、私はフード・マシーナリーの状況を見て興奮していた。地元の二社の経営陣に会って判定を下すという労力を惜しんだために、数年前に投資した金額の大部分を失うという代償を思い、私はそのような間違いを二度と起こすまいと心に決めていた。フード・マシーナリーの人々を知れば知るほど、彼らに対する私の尊敬の念は強まっていった。いろいろな意味でこの会社はこの大恐慌の大底でも存続しているのだから、これこそが私が何年にもわたり探していきたいと思っていたチャンスの縮図だったのだ。ここで私が五〇年近くも前に、特にこの会社の将来に可能性を見いだしていた理由を説明したほうがよいかもしれない。

ちなみに、残念ながら当時の私はこの分野の詳細な分析について一貫した方針を持ち合わせておらず、それから数年内に論理的な結論を見いだすことはできなかった。種類の違った業界にいる経営陣について知ろうとしたり、その判断を下したりする努力が足りなかった。

そもそもフード・マシーナリーは比較的小さい会社だったものの、取り組んでいた三つの事業の各商品ラインの規模は世界最大級であり、私としては品質も最高級だったと思っている。そのためこの会社にはスケールメリットがあった。つまり、製造規模が大きく効率的になれば、低コストでの生産も可能になるというわけだ。

次に競争という視点から見ると、この会社のマーケティング体制も非常に強かった。顧客の製品に対する評価は高く、社内の販売組織もきちんと管理されていた。さらに同社の缶詰機器ラインはすでに多くの現場で導入されていたものの、ある程度の「固定市場」も持っていた。

それはすでに現場に導入されている機器のスペアー部品や交換部品である。

この健全な基盤のうえにあったものが、このビジネスの最も素晴らしい部分なのである。この会社の規模にしては、ここには創造力の高い優秀なエンジニアと研究開発の部署があった。この会社は将来有望な新製品の分野の機器を完成させていた。そのなかには業界初となるナシの皮むき機やモモの種取り機、オレンジの合成着色料処理機などがあった。果汁たっぷりの果物を生産する地域のオレンジであっても主婦にとってあまり魅力的ではなく、ほかの種類の果物と比べると競争力が弱く、果物としての品質もそれほど変わらなかった。今思えば私の実業家人生のなかでも、一九三二～一九三四年にかけてのフード・マシーナリーのような成功の可能性を秘めた大きな金額をちらつかせていた会社を見たのは、そのときただ一回だけである。

このころまでに私はいかに魅力的であろうが、前述のような問題はそれだけで成功を確約することにはならないということを十分に学んでいた。会社にかかわる人間の質も同様に重要である。私が使った質という言葉には、二つの大きく異なる性質が含まれている。一つは事業の能力である。事業の能力はさらに二つの非常に異質なスキルに分類される。そのうちの一つは事業における日々の仕事を平均以上の効率で処理していく能力である。日々の仕事には非常にたくさんのものが含まれており、それは常により効率的にモノを生産するためのより良い方法を探し出していくということから、十分に細かい視点で債権を管理していくということまでと幅広い。言い換えると、経営のスキルとは事業の短期的な経営にかかわる多くの事柄を平均以上の力で処理していくことである。

しかし、事業の世界で一流の経営力を身につけるためには、またかなり異なるスキルが必要となる。それは先を見越して、事業が将来的に大きく成長しながら、悲劇となりかねない財政的リスクも同時に回避できる長期的な計画を立てる能力である。多くの会社の経営陣は、これらの二つのスキルのどちらかには非常に長けているものだ。それでも本物の成功のためには両方が必要となる。

事業の能力とは「人」に関する二つの特性のうちの一方にすぎないが、これは本当に価値のある投資をするためには絶対不可欠な要素だと思っている。もう一つの特性とは一般的に誠実さという言葉で表現されるもので、会社を経営している人間の正直さと個人的な良識といったものである。一九二九年の暴落よりも前の時代に投資の世界への最初の指南を受けた人ならばだれでも、誠実さが極めて重要であるという生の事例を見てきたと思う。企業のオーナーや経営者は事業内容に関して株主よりも常に近い位置にいる。もし経営者のなかに純粋に株主の受託者としての自覚がなければ、いずれは株主も受け取るべきものの大部分を受け取り損ねることになるかもしれない。自分の利益ばかりを求めている経営者では、やる気のあるチームを作り上げて周りを忠実な部下で固めることはできないだろう。事業を一人や二人の力でコントロールできないような大きさまで成長させようとするのであれば、これは絶対的な条件である。

この暗く深い不況の日々の状況を見ていくと、そして何年もたった今これを振り返ってみると、このまだ若いフード・マシーナリー・コーポレーションは「人」という観点では傑出した魅力を持っていたと言える。ジョン・ビーン・マニュファクチュアリングの社長であり、創業者の義理の息子だったジョン・D・クラミーは極めて有能な経営者で顧客や従業員に高く評価され、信仰心の篤い人物でもあり、高い倫理観に基づいた生き方を実践していた。会社のトップエンジニアも優秀なコンセプトデザイナーだった。そのうえに重要な点として、彼は設計する製品に価値ある特許保護がつけられるような製品ラインに沿って設計をする人物だった。そして、この比較的小さな組織の強みの集大成として、ジョン・クラミーは義理の息子のポール・L・デイビスを説得し、非常に将来性のあるキャリアとされていた銀行を辞めることに消極的だったにもかかわらず入社させ、フード・マシーナリーの財務を強化し堅実性を高めた。実はポール・デイビスは当初のこの人事に対して非常に消極的で、家族のビジネスが合併で大変な最初の年を乗り切るまでしか手伝わないという条件でこの話に乗った。しかしその最初の年に、彼は会社の素晴らしい将来性にそそられ、会社に永続的に残る決心をしたのだった。後に彼は社長としてこの会社を大きく繁栄させ、入社直後の数年間に上げたうれしい業績もちっぽけなものに見えてしまうほどに成長した。

そうすると、この会社は現実的な投資先のなかからまれにしか見つからない理想的な性質を内在的に持っていたと言うことができる。人間は素晴らしかった。そして会社の規模は小さいものの、大きな貢献をしているのはたった一人の人間ではなかった。競合他社と比べると、この会社の強さは普通ではなく、事業もうまく進められており、近い将来に出される予定の、当時のこの規模の会社にしては大きな可能性を秘めた新製品ラインを十分に持っていた。商品化されない製品がこれらの一部にあったとしても、ほかの製品もあるので将来は非常に明るいものだった。

右と言われたら左へ進め

しかし投資が真の大当たりとなるためには、すべてに共通する重要なものがもう一つ必要になる。投資での大きな利益というものは、金融界が右へ進んでいるときに正しく左へ進む能力を持った人のところへ行くようになっている。仮にフード・マシーナリー・コーポレーションの将来が当時適切に評価されていたとしたら、一九三二～一九三四年のあの時代に株式を買った人たちの手元にもたらされた利益は実際よりもずっと少なくなっていただろう。この会社の本当の価値が一般には認識されておらず、人々もフード・マシーナリーがまた単なる多くの「いかがわしい」会社のなかの一社で、この盛り上がった投機熱のなかで一般に売り出されただけだろうと高をくくっていたために、あのとんでもなく安くなった価格で大量にこの株式を買うことができたのである。私の意見では、自分自身を訓練して大衆と同じ方向には行かず、大衆が右へ進んでいるときに左へ進むことができるようになることが、投資で成功するために最も重要な原則だと思う。

私にもっと筆力があれば、この財務的にはまだ世間に知られていなかったフード・マシーナリーが私の少ない個人資産と始めたばかりの私のビジネスにどのような結果をもたらしてくれたのか、そして私のなかに生まれた感情と知性の盛り上がりがどれほどのものだったかを、きちんと表現することができたのにと思う。私のタイミングは正しかったようだ。勢いよく出た噴水が戻り始めるときのように、一九三三～一九三七年にかけての株式市場はまず全体的にゆっくりと上昇し始め、その後に全開のブルマーケットになると、一九三八年には一服をし、その翌年には完全に回復していった。フード・マシーナリーが市場全体を大きく上回るとの確信があった私は顧客にその株式を保有するように説得し、可能なかぎりの株式を購入した。私はこの事業の可能性を自分のアプローチの武器として、出会えるかぎりの潜在顧客に話をしていった。このとき私は、これが人生で一度きりしか訪れない特別なチャンスと感じていた。シェイクスピアはこれを「人間の行動にも潮時がある。満潮に乗じて事を行えば首尾よく運ぶ」とうまく表現している。私の希望も高く、財布も金融界での評判も無に近かったあの興奮の数年間、私はこの素晴らしい言葉を自分のなかで繰り返し、決意を確固たるものにしていった。

大勢に逆行するのが正しい

コントラリアン（大勢とは反対の立場）の重要性については、投資本にはよく書かれている。しかし、コントラリアンであるだけでは十分でない。投資をしている人を見ると、一般的な考え方とは逆に行く必要性を吹き込まれているが、その原則を完全に見落としている人もいる。つまり、一般的な投資の考え方に逆行するときには、自分が正しいということが本当に確かでなければならない。例えば、自動車がケーブルカーに取って代わるということが明らかになり、一時は人気を博した都市の鉄道会社の株価が下落してPER（株価収益率）もこれまでになく低下してきている状況では、単にケーブルカー株が下げ局面にあると多くの人が思っているから、実は魅力があるに違いないとする根拠だけではケーブルカー株を買ってはならない。金融界の多くの人が右へ向かっているときに左へ進む人が大きな利益を手にすることが多いが、それは左へ進んでいることが正しいという強い証拠があるときだけの話である。

シェイクスピアの引用は私が投資の方針を決めるときに欠かせないものだったが、不思議なことに第一次世界大戦時の流行歌もそうだった。一九一八年の動揺する日々の一般市民の様子を知っている数少ない一人として言っておくと、あの戦争の興奮と熱狂のなかにあったアメリカ一般市民の当時の素朴さは、第二次世界大戦の残忍さに対する反応とは大きく違った。第二次世界大戦では戦争の恐ろしさがより鮮明に実感された。犠牲者に関する生のニュースや戦いの最前線の汚さや恐怖は、一九一八年のアメリカ大陸には十分伝わっていなかった。その結果として、当時にはやった歌は明るくおどけた軍歌がほとんどで、第二次世界大戦時にはそんな軍歌はほとんど聞かれなかった。そして、完全な失敗だったベトナム戦争時にその種の軍歌は一切聞かれなかった。このような歌の多くはピアノ用の楽譜として発売された。そのなかの一曲で行進する兵隊を誇らしげに見下ろす母親の絵の描いてある楽譜は、「うちのジムしか歩調が合わない」という題名だった。

私は最初から大勢と「歩調が合わない」リスクを冒していることをはっきりと認識していた。私が最初のころに買ったフード・マシーナリーやその他多くの銘柄は、金融界ではその本質的な価値が認識されていない「ずれた時期」に買っていた。私の考えが完全な間違いで、金融界の考え方が正しかったかもしれない。もしそうなれば、ある状況に関する私の堅固な信念に従って投資資金のかなりの金額を固定し、金融界が右に進んでいるところを私が左へ進んでしまったことが理由で、儲からない状態を果てしなく継続しなければならないことになった。それは、顧客にとっても私自身にとってもこれよりひどい状況はないという結果だった。つまり、私の行動は間違いだったということだ。

それでもこれまで説明してきたとおり、利益を手にする方法は、人が左に進んでいるときに右に行くことで、それには定量分析を行って右へ進むことが正しいということを確認することが必要になる。

忍耐と結果

以上を踏まえて私は三年ルールと呼んでいるものを確立した。ある銘柄を買った場合、結果を一カ月や一年程度で判断せず、三年という期間は猶予してもらいたいと、私は何度も繰り返し顧客へ説明した。そして、私がその期間に満足いく結果を出すことができなければやめてしまえばいい。私が初年度に成功するか失敗するかは運以外の何物でもない。これまでずっと個別株の管理をするなかで、私は常に同じルールに従っており、例外を行ったのは一度きりである。強い確信を持って買った銘柄が三年後に良い成績を収めなかった場合、私は売ってしまう。同じ銘柄が一年か二年の間にマーケットよりも良くない結果となった場合、それには不満である。しかし、その会社に対する私の当初の見方を変えるような出来事が何も起こっていなければ、その銘柄を三年は持ち続ける。

一九五五年下半期、私はそれまでに一度も投資したことのなかった二つの会社の株式をかなり買った。この二社は、あの当時の金融界の常識に反して投資し、メリットを享受できた典型的な例となった。振り返ってみると一九五五年は、それ以降約一五年続く「電子産業銘柄の最初の黄金期」と呼ぶべき時代の始まりだったと言えるかもしれない。私はここで「最初の」という言葉を使ったが、それは半導体関連銘柄の黄金期と認識されていると思われる時代と読者のみなさんの頭の中で混乱が起こらないようにするためであり、その時代は現代よりも前には存在せず、一九八〇年代を連想させるものとなるだろう。いずれにしても一九五五年からその直後の金融界が一連の電子産業会社の上昇に目がくらみそうになりながらも、これらの会社は一九六九年には本当に見事な大きさになるまで成長していった。ＩＢＭやテキサス・インスツルメンツ、バリアン、リットン・インダストリーズ、アンペックスといった会社の名前がいくつか思い当たる。しかし一九五五年当時、これらのすべては時期尚早だった。当時はＩＢＭを除くすべての株式は非常に投機的とされ、保守的な投資家や機関投資家の気にはとめられていなかった。それでも私は将来性を察知し、一九五五年の下半期にテキサス・インスツルメンツとモトローラの両社に対して個人的にはかなり大きなポジションを持った。

今日のテキサス・インスツルメンツは世界最大の半導体メーカーであり、モトローラは僅差で二位となっている。当時のモトローラの半導体産業における地位はほとんど影響力のない程度だった。一般的には株式を買う動機はまったくなかった。しかし、私はモトローラの人材とモバイル通信事業における優勢な地位に感銘を受け、大きな可能性を秘めているような気がした。一方、金融界はこの会社を単なる普通のテレビとラジオメーカーとしてしか評価していなかった。モトローラはその後、ダニエル・ノーブル博士の協力を得たことが寄与して半導体分野で成長し、すべてがその後に実を結び、最後にケーキに振りかけるアイシングのように購入した私には予想できないような結果をもたらした。テキサス・インスツルメンツの場合はモトローラと同様、人々に対する大きな好意や尊敬のほかに、私はかなり異なる信念に影響を受けた。私もほかの人と同じくこの会社を見て、半導体の複雑さが人間の味方になりつつあるなかで、とてつもない将来がトランジスター事業から生み出されると思った。私はウォール街の大勢とは違って、この人たちがゼネラル・エレクトリックやRCA、ウェスティングハウスといった大手企業と対等に、いや恐らく対等以上に張り合うことができると感じた。数多くの人が小さな「投機的な会社」は大企業との競争に苦しむに違いないと考え、そのような会社に投資して私が基金のお金をリスクにさらしていると批判した。

これらの株式を買ったあと、株式市場での短期的な結果には大きな差が出た。一年もたたないうちにテキサス・インスツルメンツの価値はかなり上がった。モトローラは私の購入費用を五〜一〇%下回る範囲で上下した。このパフォーマンスの悪さは私の大口顧客をいらだたせるには十分で、彼はモトローラの名前を口にすることすら拒んだ。ただ「おまえの買ったあのダメ株」と言うだけだった。この満足のいかない株価水準はおよそ一年にわたり続いた。しかし、モトローラの通信部門はその投資上の重要性が金融界に浸透していくにつれて、半導体業界に初めての方向転換の兆候が現れ、この会社の株式は素晴らしいパフォーマンスを見せるようになった。

私のモトローラの買いは大手保険会社と共同で行ったものだったが、この保険会社は私の初めての訪問の結論を見て興味を抱いたという旨をモトローラの経営陣に伝えていた。この保険会社はモトローラ株を大量に買い付けて間もなくしてから、自社のポートフォリオ一式をあるニューヨークの銀行へ持参して査定をしてもらった。銀行はモトローラを除くポートフォリオの内容を三つのグループに分けた。「最も魅力的」「まあまあ魅力的」「魅力なし」の三つだ。しかし、モトローラはどのグループにも分類されなかった。このような会社に時間を費やすのは無駄であり、よってコメントは何もないということだった。しかし、保険会社の役員の一人が三年後に私に向かって、ウォール街ではこのようにどちらかというとマイナスの見方をされていたが、モトローラは当時すでにポートフォリオに組み入れられていたどの銘柄よりも上回っていたと話してくれた。私が「三年ルール」を持っていなければ、市場の動きが弱く顧客のなかからも批判が出ていたモトローラ株を持ち続ける気持ちが揺らいでいたかもしれない。

ルールには必ず例外は付き物だが、多くはない

この三年ルールに従って売り、それからあとに株価が大きく上昇したためにこの売りを実行しなければ良かったと私が思ったことはあるだろうか。実はあまり多くはないが、この三年ルールだけを基に売ったことがある。しかしそれは、私が買った銘柄が大きな上昇（これが私の買いの目的）をしなかったからではない。そのような場合の多くは、状況をさらに調査し続けていくうちにその会社に関するより深い見識が生まれ、その見識によって私の考えが変わったからである。そして、私が売るきっかけとなったのが三年ルールのみだった比較的数少ない事

例でも、その後のマーケットの動きを見て、その株式を持ち続けていれば良かったと思ったことはなかった。

私自身、自分の三年ルールを破ったことがあるだろうか。答えはイエスである。ただ本当に一度だけであり、それも何年もたってからの一九七〇年代の中ごろのことだ。その三年前、私はロジャース・コーポレーションの株式をかなりまとめて取得した。ロジャースはポリマー化学のある特定の分野を専門としており、この会社が開発していた製品にはほぼ独自の製品が多くあり、売り上げも一年や二年ではなく何年にもわたりかなり劇的に伸びていくことが予想された。しかし、その株価は三年たっても低迷し、また会社の収益も変わらなかった。ただいくつかの期待できる要素もあり、今回ばかりは自分の基準を無視して「ルールの例外」としなければならないと感じた。その要素の一つが、この会社の社長だったノーマン・グリーンマンに関する私の強い思いだった。彼には非凡な才能があり、この状況をくぐり抜ける決意を持っていると私は確信していたが、その他にも知性の高い投資家にとって大きな価値となると思っていたことがあった。彼には正直さというものがあり、話すのもはばかられるような悪いニュースも包み隠さずに話した。グリーンマンは会社に興味を持ってくれる人ならば悪い出来事も良い可能性についても、すべて理解してくれるものと信じていた。

私に大きな影響を与えたことはほかにもある。ロジャースの収益力が非常に乏しいもう一つの理由は、不釣合いなほど巨額な資金を将来大きな結果を出すと見込まれていた単一の新製品につぎ込んでいたことである。そのために、お金と人をほかの有望な新製品へ回せず、そちらにはあまり企業努力が向けられていなかったのである。この種の新製品には大きな可能性が秘められている。苦渋の決断でこのたった一つの製品に対する取り組みをすべて中止すれば、大きな可能性を秘めたほかの複数の新製品が花開き始めるということが明らかになるのにも、それほど時間はかからないだろう。それでもすべては時間を要することである。その間にもこの株式を買った多くの人々の期待に会社が応えられなかったということで、会社の売り上げや資産、そしてさまざまな形で表される通常の収益力と比べて合理的ではない水準まで株価が下落してしまう。これは金融界が左を向いているときに右に進む典型的な例のように思われた。そこで私は三年ルールを採用するどころか自分と顧客の持ち分をかなり大きく増やしたのだが、顧客のうちの何人かは長年待ちくたびれたこととパフォーマンスの悪さから、これを見てかなり不安を持った。このような状況ではよくあるように、転換するときは急速にやってくるものだ。収益の改善が一年や二年の話ではなく、長年にわたる本物の成長の基盤となっていくという強いサインが明確になってきたとき、株価は等比級数的に上昇していった。

マーケットタイミングの実験

ここまでの話で私の物語は何年も先に進んでしまったが、一九三〇年代にはほかにももっと学ばなければならないことがあり、試行錯誤を繰り返しながら、私の投資哲学は徐々に形作られていった。株で儲ける方法をあちこち探していくうちに、私にはフード・マシーナリーの研究で得られた価値ある副産物もあるのではないかと思うようになった。この会社のビジネスは果物や野菜の缶詰事業に対する依存性が高いことは十分に知っていたので、フード・マシーナリーに関して自分が正しいと合理的に確信が持てるようになるために、私は果物や野菜の缶詰会社自体の運命を左右する要素についての研究にかなりの労力を費やすという軽率な行動をとったのだ。この産業は事業環境の一般的な変動と、不安定な天候が作物に与える影響のために循環性が強かった。

私は包装業界の特徴についてもある程度詳しくなっていたので、その知識を活用してフード・マシーナリーのような長期的な投資ではなく、短期売買のためにカリフォルニア・パッキング株を買ってみようと考えた。これは果物と野菜の缶詰メーカーとしては大手の単独会社だった。大恐慌の底の時期から一九三〇年代の終わりまでの間に三回、この会社の株式を買った。私が売却したときは毎回利益が出た。

表面的には私のやっていたことは非常に価値の高いことのように聞こえるかもしれない。ところが、理由はあとで説明するが、数年後に私の仕事上の動きで賢いところと賢くないところを分析してみたとき、その行動がいかに愚かなことだったかということが明らかになった。その行動に費やした多くの時間と労力はほかのことに回せたはずだった。それなのにリスクをとった見返りとして手にしたその総額は、フード・マシーナリーをはじめとする長期的な利益と長期保有の目的で買った会社に投資した人たちのために出した利益に比べると、取るに足らないものだった。しかも私はこれまで多くの短期売買を見てきたが、極めて優秀な人々によって実行された取引も含めて私の知るかぎりでは、三回連続勝ったと言っても四回目には惨敗する可能性が十分にある。長年にわたる長期成長が十分に見込めるために保有を望んだ会社の株式に投じられた同じ額のお金と比べると、そのリスクは格段に大きかった。したがって、第二次世界大戦が終結して私の現在の投資哲学の大部分がほぼ出来上がったころ、私は自分の実業家人生のなかでも最も重要と言えるある決断を下したのだった。それは、すべての労力を長期的に見て大きな利益を出すことに専念させることだった。

価格にこだわればチャンスを逃す

一九三〇年代は私が本当に大切なことと考えているほかのことも学んだ一〇年だった。すべてとは言わないまでも、その一部はこのときに学んだ。一九二九年に始まったあの史上最大のベアマーケットを予想していたのに、それを生かすことはできなかったという話はすでにした。この世では正しい推論をしたとしても、株式投資で利益を取るためには具体的な行動に移さなければならない。私が自分の事業を経営するという経験を初めてしたのは大恐慌のどん底の時期で、非常に少ない額のお金がとてつもなく重要だった時代だ。もしかしたらそのせいかもしれないし、もしかしたら私の個人的な性格からかもしれないが、自分で事業を始めてから私はずっと「取るに足らない少ない利益」にこだわっていたことに気づいた。私よりもずっと知識のあった証券マンがしきりに言っていたことだが、もしある株価が数年後に現在の数倍になると信じているのなら、それを一〇ドルで買おうが一〇・二五ドルで買おうが違いは微々たるものだ。それなのに私は自分の純粋に恣意的な判断以外に理由がないのに指値注文を出し続け、例えば一〇・二五ドルを超えたら買おうとしなかった。論理的に考えるとこれはバカバカしい話だ。これは悪い投資体質であり、私以外にも多くの人々のなかに深くこびりついていることに私は気づいたが、まったくこういうことにこだわらない人がいるのも事実だ。

恣意的な指値の危険性に私がはっきりと気づいたのは、ほかの人の間違った結果を見たのがきっかけだった。そのことは今でも昨日のことのように覚えているが、サンフランシスコのある銀行の前で偶然大切な顧客とばったり会ったときのことである。私はそのときちょうどフード・マシーナリーを訪問した帰りで、見通しは相変わらずぱっとせず、その株式を少し買い増ししておいたほうが良いと教えた。彼もすっかり同意してくれ、当日午後の終値がいくらだったかを尋ねた。私は三四・五〇ドルだと言った。彼は大量の注文を私に出してくれ、支払う金額は三三・七五ドルまでと言った。それから二～三日の間、株価は彼の買いの指値をわずかに上回るレンジで上下した。指値までは下がることはなかった。私は彼に二回電話して、指値を二五セント上げれば買うことができると強く勧めた。残念ながら彼の答えは、「ダメだ。あれが私の提示額だ」というものだった。数週間のうちにその株価は五〇％を超える上昇をし、株式分割を経て、その会社の株価は彼が買いそびれた金額の近くに戻ることはもう二度となかった。

この男性の行動を見て、私自身も同様の愚かな行動を取りかねないと肝に銘じた。そして、徐々にこの自分の弱さの大部分を克服していった。今私は、株式を大量に買おうとする場合にはこの少ない利益の問題を完全には無視することができないということをよく認識している。それは、非常に少量の買いであっても需給状況によっては自分で株価を大きく吊り上げる可能性があるからだ。しかし多くの取引では、株価のほんのわずかな違いにこだわることが非常に高くついてしまうことがある。私自身の場合、買いに関しては完全にそれを克服したが、売りに関してはまだ完全にはできない。昨年、成り行き注文ではなく指値で出した少量の売り注文で、私はちょうど二五セントの差で約定を逃し、その結果、この原稿を書いている現時点でその株価は私の売り注文の指値から三五％も下落している。あの指値と現在の株価のちょうど中間値で売れたのは、ポジションのほんの一部だった。

第3章　哲学は成長する

世の中が第二次世界大戦へ突入したことで、私の投資哲学の進展がなかったかというと、そうとも言いきれなかった。一九四二年に入ると、私は慣れない陸軍士官という職務に就き、陸軍士官として陸軍航空隊に関係するさまざまな仕事に携わることとなった。三年半にわたり私は自分の事業を休み、祖国のためにそれほど価値のあるとも思われない任務を遂行した。最近では祖国のためにかなりの仕事をしたと話すことにしている。ドイツのヒトラーも日本の昭和天皇も、私が任務に就いていた領域に軍隊を送ってはこなかった。アーカンソー、テキサス、カンザス、ネブラスカといった米国本土の州である。いずれにしても祖国の軍服を着てさまざまなデスクワークをこなしている間、私は何も言われなくても二種類の違った時間を交互に過ごしていることに気づいた。しばらくの間はやることが多すぎて、平時でのビジネスを考えることができない状態だった。しかしあるときはデスクの前に座って、ほとんどすることが何もないこともあった。暇なときは、幸せな時代がやってきて軍服を着ることもなくなったときに自分の事業をどう構築していくかということばかりを考えて、楽しい時間を過ごした。しかし、自分の個人的な生活のことや軍隊といった当時直面していた短期的な話などはあまり考えなかった。私の現在の投資哲学がはっきりとした形を成していったのはこの時期だった。そしてこのとき、カリフォルニア・パッキング株の例で説明したような短期売買取引に将来性はないという判断を下したのである。

この時代、私は自分のビジネスの重要性を高めることになるあと二つの結論を導きだした。戦前に私が仕事をした顧客には大口から小口まであらゆる種類の投資家がおり、またそれぞれが異なる目的を持っていた。すべてではないが、私はビジネスの大部分を将来的に平均以上に大きな成長を遂げると見込まれる、平凡ではない会社を見つけることに集中させた。戦後の私は、投資を成長株の一種類だけに絞り、顧客は少数派の大口投資家に限定しようと考えた。しかも税務のことを考えると、成長株のほうがこの顧客層の利益になるとも思っていた。

私が出したもう一つの結論は、戦後は化学業界が大きく成長していく時代になるだろうと思ったことだった。したがって、戦後の普通の生活に戻るために高い優先順位を与えたプロジェクトとして、大型の化学会社のなかから最も魅力的なところを探しだし、私のファンドのなかでも持ち分を増やしていこうと思った。もちろん、自分の時間を百パーセントこの作業につぎ込んだわけではなかったが、ビジネスを再開した最初の年はかなりの時間を費やしてこの難しい産業について本物の知識を持っている人物をつかまえては話を聞いていた。その人物のなかには、卸売業者で大手企業を最低一社は取引先に抱えていたところや、大学の化学科の教授で化学産業の人間について詳しい人物、大手建設会社でさまざまな化学メーカーの工場を建設した会社まで、会う人すべてが背景事情を知るためには極めて価値の高い情報源となった。彼らからの情報を通常の財務データと合わせることで、ほんの三カ月程度で選択肢を三社にまで絞りこむことができた。そこからは進行の速度が落ち、決断は難しくなっていく。しかし、一九四七年の春には私の選択はダウ・ケミカルと決定していた。

多角的な考察は一つの結論へと導かれた

数多くあった将来有望な化学会社のなかからダウ・ケミカルを選んだ理由はたくさんあった。その理由自体、私自身が資金を投じたいと考えるような比較的少数の企業に要求する事項の明確な例となると思うので、ここでいくつか紹介しておこう。私がダウの組織のなかにいるさまざまな人と知り合いになって、それまで遂げてきた成長という結果がさまざまなレベルの経営陣にとっての本当に楽しいという実感を生みだしていたということに気づいた。将来的にまだ伸びるという信念は組織全体に浸透していた。私が企業の経営トップに初めて会って会談するときにするお気に入りの質問は、「会社が直面する最も重大な長期的問題は何ですか」というものだ。この質問をダウの社長にしたとき、私はその回答に大きな感銘を受けた。「それは私たちがさらに大企業へと成長していく過程で軍隊のような組織になっていこうとする強い圧力に抵抗し、まったく異なるレベルの人間やさまざまな部署の人間がこれまでと変わらず完全に非公式にコミュニケーションを取り合って打ち解けた関係を維持しながらも、経営上の混乱を引き起こさないようにしていくことだ」と話してくれた。

ほかの基本的な企業理念についても、私自身がまったく同感だと思う点がいくつかあった。ダウはスケールメリットや化学工学の進歩を利用したり、生産についての理解を深めたりすることで、これまでに業界で最も高い生産効率を達成することができた化学製品ラインやその可能性が今後十分見込まれるラインに参入する領域を絞った。ダウは単に最前線に出るためだけでなく、最前線にとどまるためにも独創的な研究が必要であるということをよく認識していた。また、ダウでは「人的要因」も非常に大切にされていた。特に人材や特殊な才能を見いだすことの必要性が説かれていた。彼らにダウ独自の理念や手順を教え込み、また優秀な人材と思われていた人がある部門でうまくいっていない場合には、その人の性格により適していると思われる仕事に挑戦する機会を与えるように本気で取り組んでいた。

ダウの創業者であるハーバート・ダウ博士は七〇年も前に亡くなっているが、彼が残したいくつかの言葉を耳にすることも多く、彼の信念はいまだに生きているのだと感じた。ダウ博士の言葉は主に社内のことに向けられていたが、私はそのなかの少なくとも二つは自分の事業にも同様に当てはまると考えた。それはダウ・ケミカルという会社の内部事情に適用されるときと同じように、投資における選択を最適化する場合にも最低限適用することができるものだった。その一つは、「大きな失敗を何回か経験していない人間はけっして昇進させてはならない。失敗をしていない人間を昇進させるということは、今まで何もしてこなかった人間を昇進させることと同じだからだ」というものだった。投資業界にいる多くの人がこの言葉を理解していないお陰で、株式市場には絶えず普通ではない投資のチャンスがもたらされてきた。

ビジネスの世界で本当に価値のあることを成し遂げるためには、常に高い先駆性を備えたことをしなければならず、また創意のなかに実用性もなければならない。それは特に利益を最先端の技術研究に求める場合に当てはまる。人々の能力がどれだけ高くとも、人々のアイデアがいかに良いものであっても、その取り組みが失敗に終わってしまうことはどうしてもあり、時にはひどい失敗になることもある。このような事態が発生し、失敗による費用がかさみ当年度の利益が事前予想を大きく下回ってしまった場合、投資界が即座に出す見解はいつも経営陣に無能の烙印を押すことだ。その反射的な反応として、当年度の利益引き下げによってPERがこれまでよりも低下し、減少した利益は大きく見えるようになる。株価は本当に格安価格となるまで落ち込むことも多い。しかし、それまで成功を収めてきた同じ経営陣であれば、将来的にも成功と失敗の平均的な確率は変わらず継続することが見込まれる。そのため並外れた能力を持った人々が経営する会社の株式は、特別で大きな失敗が明るみに出たときに極めて割安となるのだ。これに対して新しいことに挑まない会社は冒険をしないで、単に大衆と足並みをそろえて進むだけであるため、この非常に激しい競争の時代には大した投資にならないことが多いのである。

投資に関して選択するうえで私が自分で適用したダウ博士のもう一つの言葉は、「人より上手にできないならば、やってはならない」というものだ。多くの種類の事業活動において政府が厳しく介入し、重い税金と労働組合が存在し、人々の好みが次々と急速に別の商品へと移っていくこの時代では、競争心をしっかりと持ち、業界全体よりも優位な手法で物事を進めることに常に挑戦し、たびたび成功しているような会社に保有株式を限定しなければ、株を保有することのリスクに対する保障はないように思われる。それ以外に成長に必要とされる十分な利益を確保する方法は通常ない。当たり前のことだが、これは物価上昇の影響が大きく、報告された利益を食いつぶしてしまうような時代には特に当てはまることだ。

歴史とチャンス

私が大恐慌のどん底で自分の事業を始めた時代と、一九四七年から一九五〇年代に入ったばかりの時代、つまり私が三年半の兵役による中断のあとに事業を再開したときの間には大きな相似がいくつか見られる。どちらの時代も大変な悲壮感が漂うなか、顧客のために即座に結果を出すことは非常に難しかった。どちらの時代も、忍耐力を持った人に大きな報いがもたらされるときだった。当初は二〇世紀の本来の企業の価値と比べて最も割安と思われる水準まで押し下げられたが、その理由は大恐慌によってもたらされた経済的な大混乱だけでなく、多くの投資家が抱いていた米国の産業システム自体の存続に対する不安を株価が織り込んでいたからでもある。それは生き残った。そして正しい株式へ投資することができた人々や、その投資に前向きだった人々がそれから数年間で手にした報いは素晴らしいものとなった。

第二次世界大戦が終わりわずか数年後、再び不安が襲い、株価は企業の本質的価値に対して大恐慌のどん底のときと同じくらい低い水準まで落ちた。このときの事業は好調で、企業収益も一貫して右肩上がりだった。ところが、投資界全体が単純比較という魔術にかかってしまっていた。歴史を見れば、南北戦争が終わってほどなくして繁栄の時代となったものの、一八七三年の恐慌に続いてほぼ六年にわたる大不況の時代となった。第一次世界大戦後にも類似した繁栄の時代があったものの、一九二九年の株価大暴落をきっかけに以前よりも深刻な不況の時代が同じ期間にわたって続いた。第二次世界大戦中の一日当たりの戦争コストは、第一次世界大戦と比べて一〇倍だったとされている。「よって、現在の素晴らしい収益は何の意味も持たない」という論理が当時の投資の考え方としては支配的だった。

年月は過ぎ、多くの企業の一株利益は上昇した。一九四九年近辺にかけて、この時代のアメリカのビジネスは死んだも同然と言われるようになった。その理由は、ある上場会社が倒産しそうだという噂が流れるや否や、株価が劇的に上昇したからである。なぜなら、企業の解散価値のほうが当時の市場評価を大きく上回っていたからだ。年月の推移とともにゆっくりと、投資家の間では株価の上昇を阻害していた要因が作り話だったのかもしれないという認識が広まり始めていた。結局、予想したようなビジネスの衰退は一度も訪れず、一九五〇年代に比較的小さな景気後退が二度起こったものの、あとで長期投資家に大きな報酬が戻される舞台が整えられていたということになる。

本書を執筆している一九八〇年代まであと数週間と迫ったこの時期に、一九四六年下半期から二～三年分の株式市場史を研究し直して、当時と現在の間に本当の相似点が存在していないかを見てみることにもっと注目が集まらないことには驚く。現在、多くの株価が歴史的に見ても著しく低い水準にあり、これは私の人生のなかで三度目である。公表されている簿価に関しては、第二次世界大戦後の時代と比べてそれほど割安になっていないかもしれない。しかし、公表されている簿価を時価に置き換えて調整してみると、二度のバーゲン価格時代のどちらと比べても安くなっていることが分かるだろう。そこで疑問がわいてくる。現代の株価を抑えている不安材料、つまりエネルギー価格上昇によるコスト高、政治的左派や膨らみすぎた信用残高の脅威などは、過去二度の時代に株価の頭を抑えた懸念と比べても、その深刻度や必然性が高く、流動性が回復したとしても結果的に事業活動の頭が抑えられることは避けられず、わが国の将来的な成長を妨げてしまうことになるだろうか。もし深刻度と必然性がこのように高くないとすれば、膨らみすぎた信用残高の問題が解消されたときには一九八〇年代以降の時代には過去二度の異常に株価が低くなりすぎた時代を特徴づけたような見返りと同様の価値あるチャンスを提供してくれるものと考えられる。

ビンテージイヤーからの教訓

ビジネスの観点から言うと、一九五四〜一九六九年までの一五年間は手元の持ち株は比較的少なかったが、その大部分の株価が市場全体との比較で著しく上昇し、私にとっては素晴らしい時代となった。そのなかでも私はいくつかの大きな間違いを犯した。そして、私がそれまでに見いだしたアプローチをひたすら適用したことが実を結んだ。この間違いは非常に価値ある間違いである。その間違いからは毎回新しい教訓を学んだ。

幸運が続くと規律を失ってしまうことがある。今は本当に恥ずかしいと思う間違いも、最悪の代償を払ったわけではないのでよかったが、確かな原則を守らなかった不注意から発生したものである。

一九六〇年代に入ったころ、非常に魅力的となっていたテクノロジー関連として電子機器や化学、金属工学、機械装置といった産業に投資をしていた。医薬分野には、有望な投資先が見つけられず、それを探し始めていたところだった。そのなかで、私は業界では優秀な医学の専門家と話をする機会があった。当時、新たな医薬品がアメリカ中西部のある小さな製薬会社から発売されるということで、彼は非常に興奮していた。その医薬品はこの会社の将来の収益力に良い影響を与え、同業他社とは対照的になると彼は感じていた。その潜在市場は非常に楽しみだった。

それから私は、この会社の一人の役員と話したほか、同じくこの新薬の将来性について楽しみにしていた投資関係者数人とも話をする機会があった。あいにく私はほかの製薬会社や専門家と話し、彼らがこの新薬に否定的な意見を持っているかどうかを調べなかった。残念ながらあとで分かったことは、この意見を支持するしっかりとした調査はだれからも出されていなかった。

その会社の株式の取引価格は新薬の利益考慮前の価値を十分に上回っていたが、支持者が予想したとおりの新薬であれば、その潜在価値のごくわずかな部分しか価格に反映されていないことになる。私はその株式を購入したが、株価は下落するばかりで、最初は二〇％程度の下げだったが、後には五〇％以上も下落した。結局この会社全体が、医薬業界に参入を目論んでいた非製薬大手へ安い価格で売却された。価格は私が支払った金額の半分未満ほどになっていたが、その価格であっても買収した企業はこの取引で損失を出したということをあとで知った。この新しい医薬品は、私の友人である医学専門家が熱く予想したような大きな期待に応えることができなかっただけでなく、あとからその状況について痛みを伴う検死をしてみると、この小さな製薬会社には経営陣の問題が存在していたことが分かった。さらに徹底的に調査をしてみると、この二つの問題は、事前に分かって当然のものであるように思われた。

その恥ずかしい時代以降、私は物事がうまくいっているときこそ調査を徹底させるようにした。当時の失敗コストがこれ以上にならなかった理由は、私が慎重だったからだと思う。私は経営陣との接触があまりできなかったことから最初の投資額を小さくし、会社のことがよく分かるようになってから買い増す計画だった。その会社の問題が私を襲ったのは、買い増す前だった。

長いブルマーケットが一九六九年にクライマックスを迎えようとしていたころ、別の間違いを犯した。何が起こったのかを理解するためには、当時の投資家の大部分を科学技術関連株のとりこにしてしまった心理的な熱狂を再現する必要がある。その企業のなかでも特に小規模な企業の株価は、市場平均と比べてもかなり大きく上昇して世をにぎわしていた。一九六八～一九六九年にかけて、これらの多くの会社にとって成功するのは夢でしかかなえられないように思われた。もちろん実現する可能性のある会社もあった。しかし、その区別はほとんどされていなかった。例えば、コンピューター業界の会社ならばどこでも将来性があると多くの人が信じており、それは限界がないと思われていた。このような考え方は機器メーカーやほかの科学技術関連会社にも広まっていった。

そのときまで、私はここ一年か二年の間に非常に高い価格で「新規上場」したばかりのよく知られた会社に手をつけるのを避けてきた。しかし、それらのわくわくするような会社に投資していく人々とよく接触しているうちに、真の魅力を持っていそうな会社をいくつか探そうという気になっていた。一九六九年に興味深い最新技術分野で活躍する機器メーカーを見つけた。真の基盤を持っている会社だった。その会社は非常に優秀で誠実な社長によって経営されていた。いまだに覚えているが、昼食会でこの社長と長い時間話したあと、私はこの会社の株式を当時の相場環境で買うべきかどうか決断するために帰りの飛行機を待つ空港をうろうろしていた。だいぶ考えた結果、私はゴーサインを出した。

この会社の可能性の診断について私は正しかった。実際にその後数年間でこの会社は成長した。それでも投資としては良くなかった。私の間違いは、買ったときの価格だった。数年たって会社がかなり素晴らしい成長を遂げたあと、私はこの会社の株式を売却したが、価格は取得価格とほとんど変わらなかった。その会社の将来の成長に対する見通しが非常に不透明になったので売ったのは正しかったと思うが、何年も株式を保有したあとにわずかな利益で株式を売却するということは、資本を増やすためのうまい方法とは言えない。ましてや物価上昇から資本を守るための方法などとは言えない。今回の場合、残念な結果に終わった理由は、時代の興奮にそそのかされて非現実的な購入価格でお金を支払ったことである。

できることを確実にやる

自分にとって正しくない判断をしたことで質の異なる間違いを犯し、金額的にも非常に大きな代償を払うこととなった。私の犯した間違いは、自分の技量を経験の枠を超えて見積もってしまったことだった。私は自分でしっかりと理解したと思っていた業界以外のところに投資をし、まったく異なる範囲に侵入し始めたのだった。その環境で私は比較になる背景知識を持ちあわせていなかった。

工業分野の市場やメーカーに対して最先端技術を提供しているような会社といった製造業であれば、私はどこを見ればよいか分かっていたと思う。強みも落とし穴も両方分かっていた。しかし、消費者向けの製品を製造・販売している会社を評価するためには、また別な技能を持ち合わせていることが重要だった。競合する会社同士の製品が基本的に似通っており、市場シェアの変化がおおむね社会の嗜好や広告効果に大きく影響されるような場合、私の持っていた素晴らしいハイテク企業を見つける能力では、不動産事業で異例の成功を収める要素を発見するに至る推測をすることができないということが分かった。

ほかの人ならば多様な投資という土俵において良い結果を出せるかもしれない。恐らく私がこのキャリアのなかで犯したほかの種類の間違いと違って、ほかの人はこの間違いを完全に見逃してしまうに違いない。それでもアナリストならば自分の能力の限界を知り、身の程をわきまえなければならないのだ。

市場の下落を予測できたら、持ち続けるのか売るのか?

投資家は、市場環境の悪化が予測されるときに良い動きをしている株式を売るべきなのだろうか。この問題については、今日の投資家心理を考えると、私の見方は少数派と言わざるを得ない。以前にも増して現在のわが国の株式投資の大半を形成している人たちの動きを見ると、投資家はある銘柄でそこそこの利益を得て、株価が下落する恐れがあるような場合には売り抜けて、その利益を確定させるべきだという考え方が大勢のように思われる。だが、私の見方は少し違う。ある特定の会社の株式が目先天井を付けているかその近くにあるように思われても、そして近い将来に大きく下落することが見込まれたとしても、その会社の長期的な将来を見てまだ魅力を残していると判断できた場合には、私はその会社の株式を売らない。株価が数年以内に現時点の水準と比べてかなり高いところで天井を付けると予想した場合には、私は持ち続けるほうが好ましいと思う。私のこの考え方は、投資の過程の持つ性質について原理的なことを考えて生まれたものである。株価が上昇する見込みのある会社は、その数が多くないために見つけるのはなかなか困難だ。それでも堅実に原則を理解して応用できる人であれば、ありふれた会社のなかから本当に突出した会社を区別することは、恐らく九〇%の精度で可能だと思う。

それよりもある特定の株式がこれから半年の間にどういう動きをするかを推測することのほ

うがかなり難しい。短期的な値動きの予想をするためには、景気全体の今後の水準について経済的に予測することが最初である。しかし、景気循環の変化を予想する予想屋の記録を見ると、全体的には散々な結果である。景気後退が起こるか、またその景気後退の時期についての判断ミスは深刻なものであり、どれくらい悪いかということや継続する期間についての予想はさらに大変だ。そのうえ、株式市場全体を見てもどの銘柄の株価の動きを見てみても、景気動向に近い動きをする傾向はどこにも見られない。事業環境全体や個別の株式についての見通しの評価に関する大衆心理や投資業界全体の判断の変化が最も重要なことであり、それはほぼ予想もつかないような変化を見せる。この理由から、いかに一生懸命スキルを磨いたとしても、短期的な株価の動きを六〇％以上の確率で正しく予測することは困難なのだと思う。この確率は恐らく甘すぎるのだろう。九〇％の確率で正しい環境にいるときに、正しい確率がせいぜい六〇％しかない要因のためにポジションを解消してしまうということは理解し難い。

さらに長期投資で大きな利益を取ろうとしている人にとって、勝率だけが唯一考えるべきことではない。もし経営がうまくいっていて資金繰りも十分な会社に投資しているのであれば、最悪のベアマーケットが来たとしても価値がまったくなくなってしまうことはないだろう。むしろ本当に異例の株式であれば、常に以前の高値を何百％も上回って再び高値を付けにいくものである。したがって、リスク・リワード比を考えると、長期投資は割に合うのである。

ここで単純な数学を使って説明すると、確率的にもリスク・リワード比からしても持ち続けるほうが好ましい。良い株式に関しては、株価の長期的な強い上昇を予想する際よりも、短期的な悪い変化を予想するほうが、間違っている可能性が非常に高い。マーケットが一時的に大きく下落するようなことがあっても正しい株式を保有し続けているならば、最悪の時点でも以前の高値から一時的にせいぜい四割下げる程度で、結局はプラスになるだろう。しかし売って買い直さなければ、短期的に反落することを予想して売却した株式で手にした短期的な利益を何倍も上回る長期的な利益を取りそびれてしまうのである。私の観測からすると、ある魅力的な銘柄について短期的な株価動向のタイミングを正しく計ることは非常に難しく、この株式を数回売却して、あとで大きく株価が下落したときに買い直して利益を手にしても、その利益はタイミングを外してしまったときに出す損失によって縮小されてしまうのである。多くの人は手仕舞いのタイミングが早すぎ、買い直さない。買い直してもタイミングが遅すぎて手にできたはずの利益を取りそびれてしまうのだ。

このポイントを説明するために使った事例は、私が経験したなかでも最も説得力に欠ける事例だ。一九六二年、私が以前から投資していた電子工学の大手企業二社の株価が上昇し、短期的な株価動向の見通しが極めて危うい状態となった。テキサス・インスツルメンツは、私が七年前に買った価格の一五倍以上の価格で取引されていた。もう一つの銘柄はその一年か二年後に買った会社で、ここでは仮に「セントラル・カリフォルニア・エレクトロニクス」と呼ぶことにするが、この会社もやはり同じ程度上昇していた。株価は行きすぎだった。そこで私は顧客一人一人にこの二銘柄の株価は非現実的なレベルまで上昇しており、当時の株価を使って自分の資産総額を見るのをやめるように伝えた。私がこのようなことをすることはめったになく、これは自分の銘柄の一つか二つが急落するような動きがあると強い確信を持っているときだけだった。しかしここまでの確信があっても、私は持ち続けるように顧客に薦め、どちらの株式も数年後にはずっと高い水準まで上昇すると信じていた。この二つの銘柄の株価が調整したとき、私の予想よりもずっと深刻になった。テキサス・インスツルメンツはその後の底値で、一九六二年の高値から八〇％も売り込まれた。セントラル・カリフォルニア・エレクトロニクスの株価はそれほど落ち込まなかったものの、六〇％近く売り込まれた。私の信念は試練の時を迎えていたのだった！

それでも二年もしないうちに、テキサス・インスツルメンツは再び一九六二年の高値の二倍で取引されていた。忍耐がここで報われたのだった。一方、セントラル・カリフォルニア・エレクトロニクスの値動きは良いものではなかった。株式市場全体が回復し始めるなか、セントラル・カリフォルニア・エレクトロニクスの経営陣内部の問題が明らかになった。そして人事異動が行われた。私はかなり心配になり、自分なりに徹底的に調査をした。そして二つの結論に至ったのだが、どちらも好感できるものではなかった。一つめは、元経営陣に対する私の判断が間違っていたということ。私は元経営陣の欠点をもっとよく把握しておくべきだったが、当時は分かっていなかった。また新経営陣についても十分な期待が持てず、株式を保有し続けるには説得力が足りなかった。結局、それから一二カ月の間にポジションを、一九六二年の高値の半値を若干上回る価格で売った。それでも私の顧客の利益は、それぞれ調達価格が異なるものの、当初の費用の七～一〇倍ほどになった。

すでに述べたとおり、私はあえて劇的な事例ではなく説得力のない事例を出して、本物の将来性がある状況のなかでは短期的な上下動を無視したほうが報われると思う理由を説明した。私がセントラル・カリフォルニア・エレクトロニクスの事例で犯した間違いは一時的な下げ局面で株式を保有していたことではなく、もっとずっと重要な点にあった。この会社に対する自分の投資が大きな成功を収めた結果、私は調子に乗りすぎていたのである。私は経営トップから聞くことばかりに注目しすぎていて、下の社員や顧客に対して十分な確認作業を行わなかった。私が状況を把握してそれに対応したとき、セントラル・カリフォルニア・エレクトロニクスへの投資に期待できたものと同等の利益を手にすることができた。私は別の電子機器メーカーに乗り換えたが、幸運にもモトローラなどの株価はそれから数年かけて、セントラル・カリフォルニア・エレクトロニクスが以前に付けた高値を数倍上回る価値まで上昇していった。

頻繁に売り買いすれば儲からない

テキサス・インスツルメンツとセントラル・カリフォルニア・エレクトロニクスの事例から

学べることはもっとある。私が一九五五年夏に初めてテキサス・インスツルメンツ株を取得したとき、長期投資のなかでも最も長い期間を想定して購入した。この会社にはそれだけの確信を持てるだけの根拠が完璧にあると思っていた。およそ一年後、株価は二倍になっていた。一人の例外を除いて私が扱うファンドの多くの出資者は、私の運用方針をよく知っていて、利益を確定することを考えていなかったのは私と同じだった。しかし当時、ある人々が開設した比較的新しい口座があったが、それは自身の事業において市場価格が下げているときに在庫を増やし、高いときには大幅に削減することに慣れていた人々のものだった。二倍となったテキサス・インスツルメンツについて彼らは売るように強く圧力をかけてきたが、しばらくは私もそれを拒むことができた。株価がさらに二五%上昇し、彼らの調達価格よりも一二五%の利益になると、彼らの圧力はさらに強まった。「私たちもあなたの意見には賛成だ。この会社のことは気に入っている。しかし、下げて安い価格になったときにいつでも買い戻せる」と言うのだった。最終的に私は一部を残すように彼らを説得して、残りを売ることで妥協した。しかし数年後、株価は急落して高値から八〇%下落した。しかしこのとき付けた底値でも、この出資者があれだけ売りたがっていたときの株価に比べてまだ四割近くも高かったのだ！

一度大きく上昇したので、マーケットについてよく知らない人々にとっては、この株価はほぼ常に高すぎる水準に見えていた。この顧客が示したことは、まだ十分に並外れた上昇が見込まれる株式について、単に大きな上昇が実現し、一時的に割高に見えるという根拠だけで売ってしまうというやり方をしている人々が抱えるリスクだった。このような投資家は自分たちが間違っていてさらに株価が上昇したときに買い直すことをせずに、そこからの劇的な利益を取りそびれてしまうのだ。

くどいことを覚悟で私の考え方を強調させていただく。短期的な価格変動というものは本来予想が非常に難しい。そのような売買を繰り返す投資家が、正しい銘柄を長期にわたり保有する長期投資家が何度も手にする大きな利益と同じものを手にするということは不可能だと、私は思っている。

配当の暗い影

ここまでで私は、経験したさまざまなことを通して年月の経過とともに私の投資方針が少しずつ形成されてきた様子の説明を試みてきた。しかし振り返ってみると、配当に関する結論にたどり着く材料となった特定の出来事は、失敗も成功も含めて何もないということに気づいた。私の見方は、長年にわたるたくさんの観察を通して徐々に形づくられていった。私が当初当たり前と思っていた考え方は、四〇年前から今日まで変わらず受け入れられているとおり、配当は投資家にとって非常に好ましいもので、熱烈に歓迎されてしかるべきというものだった。後に私は、会社では研究開発部から非常に多くのわくわくするような新しい構想が持ち込まれているものの、そのすべてに対して予算が配分されるわけではないという見方をするようになった。リソースは非常に希少であり非常に高価なのである。会社が配当の支払いをやめて、その資金を研究した革新的な製品により多く投資したほうが一部の投資家にとってはずっと良いのではないかと考え始めるようになった。

私はすべての投資家の欲しいものは同じではない、ということに徐々に気づき始めていた。ある投資家は自分のライフスタイルを維持するために配当収入を当てにしている。このような投資家にとっては、有望な製品や技術に対する投資価値が増えることで手にする将来的な利益の増加や持ち株の価値上昇よりも、継続的な配当を受けることのほうが好ましいのは間違いない。このような投資家は、資本の生産的な利用がそれほどうるさく必要とされていなかったり、必要とされる機会が少なかったりする会社に投資することも可能だった。

一方で、お金を稼ぐ力やその他の収入源が必要な分を上回り、定期的に貯蓄ができている株主の場合はどうだろうか。この投資家にとっては、比較的高い税率が課せられる配当を会社が見送り、代わりにそのお金を将来の成長に対して非課税となる再投資をしたほうが良いと言えないだろうか。

第二次世界大戦が終わって間もなくして、私が自分の投資活動を長期的に大きな資産増加にほぼ特化させ始めたころ、配当の支払いに関する別の面がそれよりも注目されるようになった。大きな成長が期待された会社は、配当を出さないようにする立派な理由があった。これらの会社の資金やその資金を生産的に使用する能力が強く必要とされたのだ。これらの新製品の開発費は、成長へ向けて必要となるまとまった資金流出のほんの序の口だった。後に製品を顧客へ広めるために大きなマーケティング費が必要となった。成功と共に必要となったのは、出荷量の成長を支えるための工場の拡大である。新しい生産ラインが稼動し始めると、増加した在庫や売掛金を支えるための追加資本が必要となり、だいたいの場合その金額は取扱量と正比例して増加していった。

設備投資の余地がふんだんにあり、リスクをとって可能なかぎりの利益を狙う企業と、これ以上収入もいらず不必要な税金も支払いたくないという特定の投資家の間には、自然と利害の一致が見られる。このような投資家は主な投資先を、強い収益力を持ちながら利益を再投資する魅力的な場所を持ち、配当を支払わない会社に狭めるべきだと私は考えている。そのような方こそが私の仕事の対象となる顧客である。

しかし最近では、状況がそれほどはっきりとしなくなってきている。機関投資家の持ち分が、日々の株式取引のなかではより支配的な力を持つようになってきている。年金や収益分配ファンドといったところが出す分配金には税金が課せられない。これらの多くはわずかでも配当を出さない会社には投資しない方針だが、どれだけ少ない額でも良い。このような買い手をひきつけて抱えこんでおこうとする動きから、有望な企業は、配当金を控え目にして、年間収益に対して比較的少ない割合を支払うようになった。成長企業候補の経営者はこぞって配当金の支払いを劇的に減らした。今日では収益を賢く投資するスキルを、普通ではない企業をその他大勢から区別する重要な判断材料とする傾向が強まっている。

以上のような理由から配当に関して言える最も重要なことは、収入を必要としていない人にとって配当は大きなネガティブ要因となると私は考えるようになったことである。一般的に配当性向の低い会社やまったく配当を出さない会社のなかにより魅力の高いチャンスを見いだすことができるだろう。しかし、配当を出すことが投資家にとっての利益になるという考え方が配当政策を決定する人間の間で非常に強く広まっているため、高い配当性向を持つ企業のなかにも魅力的な投資チャンスを発見することもたまにあるが、これはそれほど頻繁に起こるものではない。

第4章 マーケットは効率的か

一九七〇年代に入るころまでに、私の投資哲学のほぼすべてが四〇年の経験とともに確立された。この哲学の下地を形成するのに役立った前述の賢明な行為と愚かな行為の両方の事例が、一度だけの例外を除いてすべてこの四〇年間に起きたということは何の偶然でもない。これは私が一九七〇年代に一度も間違いを犯さなかったということではない。残念ながらどれだけ一生懸命やってみても、本当に習得するまではときどき同じへまをやってしまう。しかし私が事例として使うときには、特定の種類の出来事のポイントを説明するために、通常初めて経験した事例を紹介する。これがたくさんある事例のなかから一つ取り上げる場合、初期の出来事を示すことになる理由である。

ここで、それぞれ一〇年ごとに驚くべき類似点があるということを見ても役に立つだろう。一九六〇年代は例外と言えるかもしれないが、どの一〇年を見ても、会社の経営陣のコントロールが及ばないほど外部要因の力のほうが非常に大きいことから、株式投資は無謀なことで、分別のある人のすることではないとする考え方がいつの時代も大勢を占めていた。一九三〇年代には世界大恐慌の影響を受けて右のような考え方が最高潮となったが、それでも一九四〇年代のドイツ軍や第二次世界大戦の影響、次の大不況が起こることが確実になった一九五〇年代、一九七〇年代の物価上昇の恐怖や政府の不適切な行動などと比べると、それほどでもないだろう。しかしあとから考えてみると、当時の人々はとても信じられないような投資のチャンスを生みだしていたのだ。この五〇年のうちのどの一〇年をとっても、取得して一〇年間持ち続けた末に何百%もの利益が手元に入るような株はけっして少なくはなかった。場合によっては利益が数千%にもなることもあった。そして、投機の対象となった株式のいくつかは、自分が何をしているのか分からずにただむやみに大勢に従った人々にとって最も危険なワナとなった。当時のどの一〇年を見ても、極めて魅力的な状況にありながらも、当時の金融界が状況を大きく見誤っていたために低い評価となっていたことに最大のチャンスがあったという点では根本的にいつも同じだった。この五〇年という期間に証券市場に打撃を与えたさまざまな力や、その間に繰り返された大衆の強気と弱気の大きな波について振り返ってみると、私の心の中にはあるフランスの古いことわざが浮かぶ。それは「事は変わっても、結局何も変わらない」だ。一九八〇年代という新しい一〇年を迎えこの時代ならではのあらゆる問題や見通しがあったとしても、引き続き同じことが言えるということに何の疑問もない。

効率的市場という誤謬

この数年間で、大きな間違いと思われるある考え方が注目されすぎている。その概念とは「市場の完璧な効率性」というものである。これに対しては、別の時代に信じられていた間違った考え方と同様に、洞察力のある者にとっては逆の考え方をすることでチャンスが開ける。

効率的市場仮説についてあまりよく分からない人のために言っておくと、「効率的」という形容詞は単なる市場の機械的な効率性を指しているわけではない。買い手や売り手が市場に注文を出すとき、一度の取引はわずか数分の間に非常に効率的に実行される。ここで「効率的」と言うときも、買い手や売り手の圧力関係にわずかな変化が生じたことを受けて細かく株価が上下するという、微妙な調整の仕組みのことを言っているのではない。この概念はそうではなく、どの一時点をとって見ても、その会社について知られている事柄すべてが完全かつ客観的に市場の「効率的」な価格に反映されているとみなす考え方である。これによると、魅力的な状況が存在すると買い手に思わせるような好材料はすでに株価に織り込み済みで、不正な方法でしか手に入らない重要なインサイダー情報でも持っていないかぎり、本当の意味での掘り出し物を見つけることはできないというものだ！

この考え方は流行の信念となったが、もし市場が効率的であり、重要な買いのチャンスや決定的な売りの理由がたえず発生するものではないとすると、その場合の株式のリターンは実際と比べてそれほど大きなバラツキが生じないはずである。バラツキと言っても市場全体の株価の変化ではなく、株式一つ一つの価格変動によって生じる相対的なバラツキのことを指している。市場が効率的な予想を出しているとすると、この効率にたどり着く一連の分析自体が全体的に意味の薄いものとなる。

効率的市場仮説はランダムウォーク学派が主張し始めたものだ。この学派によると、取引コストを差し引いても、とったリスクに見合う魅力的な利益が十分に出る技術的な取引戦略を見いだすのは難しいとされる。私自身、この考え方に反対ではない。これまで見てきたとおり、私の考えでは短期的な市場予想を基にして売買を繰り返すことでお金を儲けることは極めて困難であると思っている。恐らく市場はこのような狭い意味においては、効率的と言うことができるだろう。

私たちの多くはトレーダーではなく投資家であり、またそうあるべきである。私たちが探すべき投資チャンスとは長期的に見て並外れた可能性を秘めたものであり、可能性の低い投資チャンスを追うことは避けるべきである。いつも、私はこれを自分の投資アプローチの中心的教義として守ってきた。絶え間ない努力をする聡明な長期投資家にとっては、株価は効率的になっていないと考える。

これと直接関係のある経験を私は一九六一年にした。その年の秋、一九六三年の春と同じように私はスタンフォード大学の経営大学院で四年生の投資の授業を教える非常勤講師という刺激的な任務を引き受けていた。「効率的市場」という概念が世に出てきたのはそれから何年もあとのことで、またこれから説明する演習の目的ともまったく関係なかった。私はむしろ学生に対して、市場全体の上下動は個別の株価の動きの違いと比べると、取るに足らないほど小さいということをけっして忘れないようにと教えたかったのだ。

私はクラスを二つに分けた。一つのグループは、ＮＹＳＥ（ニューヨーク証券取引所）に上場する銘柄で、アルファベットのＡで始まる会社のリストを使わせた。もう一つのグループはＴで始まる会社である。それぞれの銘柄をアルファベット順に並べ（ただし優先株と公共事業株については、私はそもそも種が違うと考えているので別にする）、学生一人一人に四銘柄ずつ割り当てた。学生は一九五六年の最終立会日の終値を調べ、配当や株式分割の分を調整し（新株予約権は計算に加えてもそれほど大きな影響を及ぼさないことから無視した）、この株価を一〇月一三日金曜日（この日を選んだことに特に意味はないが、一三日の金曜日とは興味深い日である）の株価と比較した。そしてこの五年近くの間にそれぞれの株価の上下したパーセンテージを記録させた。ダウ工業株三〇種平均は四九九ドルから七〇三ドルへ上昇。この期間に四一％上昇した。合計すると今回のサンプルには一四〇銘柄が含まれていた。その結果を次のページの表にまとめた。

このデータを見ると問題の本質がとてもよく分かる。ダウ平均が四一％上昇したこの期間に

投資額に対する損益	グループ内の銘柄数	グループ全体に占める割合
200～1020%の利益	15銘柄	11%
100～199%の利益	18銘柄	13%
50～99%の利益	14銘柄	10%
25～49%の利益	21銘柄	15%
1～24%の利益	31銘柄	22%
変わらず	3銘柄	2%
1～49%の損失	32銘柄	23%
50～74%の損失	6銘柄	4%
	140銘柄	100%

三八銘柄、つまり全体の二七％の銘柄がマイナスとなっている。全体の四％に当たる六銘柄は価値の半分以上を失うという結果になった。これとは対照的に全体のおよそ四分の一の銘柄が素晴らしい利益を実現している。

分かりやすく説明すると、もしある人がこの四年九カ月の期間の当初リストのなかで値動きの良い上位五銘柄にそれぞれ一万ドルずつ均等に投資していたとすると、現在の元本は七万〇二六〇ドルになっていたことになる。一方で同じ人が下位五銘柄にこの一万ドルを投資していたとすると、元本は三一八〇ドルになっていたことになる。このような極端な結果はまず起こり得ない。良い場合にせよ悪い場合にせよ、運が必要であると同時に、このどちらかの極限に当てるためのスキルも必要となる。しかし、人が一万ドルの投資先として上位一〇銘柄のなかの五銘柄を実際の投資先として選択する確率はそれほど低いものではなく、この場合の一三日の金曜日時点での時価総額は五万二〇七〇ドルちょうどになる。同様に一貫して間違った根拠を元に銘柄選びをし、結果的にダメな銘柄を選んでしまう投資家もいる。彼らにとって値動きの悪い一〇銘柄のなかから五銘柄を選ぶということはまったく非現実的な結果とも言えないのである。この場合、当初の一万ドルの投資は四二七〇ドルになる。この比較を元に考えると、五年もたたないうちに賢いプログラムと賢くないプログラムの間には四万八〇〇〇ドルもの開きができるということになる。

一年半後に私が同じ授業を受け持ったとき、サンプルに入れる銘柄をアルファベットのAとTを選ばず、別のアルファベットを使ったことを除いてはまったく同じ演習を再度行った。同じように五年という時間枠を用い、開始日と決算日に別の日を採用したものの、結果として、バラツキはほぼ完全に前回と同じになった。

五年という期間の大部分の市場を振り返ってみると、株式のパフォーマンスには結果的にほとんど共通点がないということに気づくと思う。このようなバラツキは、部分的にはサプライズの結果として現れることがある。ある銘柄の見通しについて、当初は理論的に知り得なかった重要な新情報である。しかしこの違いの大部分は、方向性や市場全体との関係での上下のだいたいの大きさという意味では、少なくとも大雑把に予想することは可能だ。

レイケム・コーポレーション

このような検証を考慮すると、どうして株式市場を効率的と考えることができるのか理解に苦しむ。ここで再び「効率的」という言葉を使うが、これはこの仮説の支持者によって使われる意味での「効率的」である。しかし、さらにポイントを突きつめるために、ほんのわずか数年前の株式市場の事例を挙げる。一九七〇年代に入ったばかりのころ、レイケム株は市場でかなり有名になっており、したがって比較的高いPER（株価収益率）で取引されていた。この名声を保っていた理由は、同社の副社長だったロバート・M・ハルパリンのコメントに見られる。レイケムの事業理念の四つの重要なポイントとして、彼は次のように概略を話した。

一．レイケムは技術的に単純なことはしない（例えば、将来的な競争相手にすぐコピーされるものなど）。

二．レイケムは、縦につながる可能性のないものはしない。つまりレイケムは製品を企画し、製造し、顧客に売らなければならない。

三．レイケムは本当の所有権保護に結びつくような大きなチャンスが存在しないことはしない。これは一般的には特許登録である。これがなければ、レイケムの技能とマッチしそうなことであっても研究開発のエネルギーをプロジェクトに注ぐことはない。

四．レイケムは、ニッチな市場であろうと、小さな市場であろうと、大きな市場であろうと、製品を投入しようとしている業界の市場リーダーになることが可能だと考えられるときにのみ新商品に着手する。

一九七〇年代半ばまでにこの異例の強気な認識は、大手機関投資家の間でもずいぶん広く知られるようになり、レイケムは異例なまでの競争力と魅力を備えた会社と信じる人たちの手によって、この会社の発行済み株式数のかなりの部分が保有され、市場に提供される流動的な株数は少なくなってしまった。しかし、株主にとってのレイケムの最大の魅力となっていた一面はほかにあり、これが恐らく当時取引されていた株価のPERを高くしていた理由である。多くの人の考えでは、レイケムは売り上げを平均以上に新製品の開発につぎ込み、重要な新製品の流れを生み出すことができる研究組織を完成させているため、売り上げと収益の途切れぬ上昇トレンドを描くことができるという信頼を勝ち取っていたのだ。この研究組織が金融界に対して特別に魅力的に映っていたことはかなり理にかなっているのだが、その理由は多くの新規参入企業がただ間接的に他社の古い製品と競争していただけだったからだ。基本的に新製品の登場によって、高い賃金の労働者が同じことをするのに要する時間は従来と比べて大幅に減る。レイケムは自社製品のエンドユーザーに節約を提供することで価格に説得力を与え、満足いく利益幅を実現できるようにしていたのだ。これらすべてが要因となって、一九七五年末にかけて株価は四二・五〇ドル（株価は後の株式分割分を調整した）を超える高値を付けた。これは一九七六年六月三〇日の年度末決算の利益予想を二五倍上回る水準だった。

レイケムの期待はずれ、そして暴落

一九七六年六月三〇日の期末を迎えるころ、レイケムは二度ほど打撃をくらい、これは株価と金融界における会社の評判を大きく崩す要因となった。金融界はこの特許取得済みポリマー「スタイラン」に大きな期待を寄せていた。これは航空機業界のワイヤーのコーティングに使用される材料で、ほかの合成素材にはない特有の利点を持っており、当時は研究の最終段階にあった。そのうえ、この製品でレイケムは初めて基本に立ち返る。つまり原材料を他社から買って合成するのではなく、自社工場で独自の化学製品を作るのである。この製品の魅力は非常に大きかったことから、レイケムがこの製品開発に投じた資金は、ほかに向けられた資金と比べても会社の歴史上例を見ない大きな割合となった。金融界ではこの製品がすでに成功への道を歩み始めたとみなされ、すべての新製品が経験する通常の「学習曲線」を超えたら高い収益力が出るものと思われていた。

しかし、実際には正反対のことが起こっていた。レイケムの経営陣の言葉を借りれば、スタイランは「科学的には成功したが商業的には失敗した」。実力のある競争相手から出された改良品は技術的にはスタイランほど良いものではなかったものの、機能としては十分であり、しかも値段がぐっと安かった。レイケムの経営陣もこれを認めた。数週間という比較的短期間のうちに経営陣は苦渋の決断をし、この製品を手放したうえで投じられた巨額の資金を損金計上することにした。結果的にこの年度の利益から差し引かれた金額は、およそ九三〇〇万ドルだった。損失の相殺となるいくつかの特別利益を除いて、この損失計上によって一株利益は前年度の七・九五ドルから八セントにまで減少した。

金融界は収益力の急落にも、この会社の研究能力に対する大きな信頼の減退にも非常に憤慨していた。忘れられた重要な点は、どの会社でも新製品の開発に失敗はつきものであるという基本的なことだった。これはどの産業の開発活動でも必ず起こることであり、経営が波に乗っている会社であれば、長期的に見てほかの新製品の成功によって相殺以上の効果が十分にある。最もお金をかけた特定のプロジェクトが失敗という結果に終わったのは、単なる不運だったのかもしれない。いずれにしても株価に対する影響は激しかった。一九七六年の第４四半期に入るころには一四・七五ドル前後の安値まで株価は下がり（ここの株価も後の六対一の株式分割を考慮して調整してある）、つまり直近の高値のだいたい三分の一となった。当然、この年初来安値近辺で売買される株式はほんのわずかだった。それよりもインパクトの大きい事実は、この株式が、それから数カ月たってもこの安値水準より若干上昇した程度で取引されたということだ。

当時この会社の利益に影響を与えた出来事にはもう一つあり、これもレイケムの人気を落とす要因となった。成長する企業の成功の立役者にとって最も難しい仕事の一つが、会社の成長に合わせて経営構造を適切に変えて、小さな会社に十分な統制と大企業にとっての最適な統制の違いを認めることである。一九七六年度末までレイケムの経営は主に製造技術に基づいた部署割で成り立っていた。言い換えると、作り出されていた製品を基準にしていたのだ。これは会社が小さいうちはうまく機能していたが、会社が成長していくと顧客に対する最も効率的なサービスの提供をするうえで役に立たなかった。そこで、レイケムの経営陣は「大企業」の経営概念に取り組み始めた。この会社は部署をサービスの提供先の業種別に再構築し、製造していた製品の物理的な構成や化学的な構成で部署を分けるのを止めた。この変更の実施期限の目標は一九七六年度末とされた。これが進められていた当時、この日付がスタイランの取り扱いを止めて巨額の費用計上を行う日と重なろうとは、経営陣の間では想像も及んでいなかった。

レイケムのなかでは、この組織変更が行われれば少なくとも第1四半期、あるいは第2四半期の間は大幅に収益力が縮小するだろうと、みんな分かっていた。この変更で経営陣の名簿の名前にはほとんど変化がなかったものの、非常に多くの社員が別の上司、別の部下、別の同僚を持って各自の仕事をすることになったため、この新たに付き合っていかなければならない人々と仕事をどう調和させていくか、ベストな方法を彼らが見つけるまで非効率な調整の時期が続くことになったのである。この会社に対する長期的な信頼感の根拠となる、また経営陣が短期的な結果にとらわれていなかったことを示す話として、このプロジェクトを計画どおりに進め、レイケムの当時の収益力に対する第二の打撃となる出来事が起こるまで待たなかったという事実に勝る話は恐らくないだろう。

実際にこの大きな変化は、当初予想されたよりもずっと楽に実行された。予期されていたとおり、新年度の最初の四半期の利益は、変化を実施しなかった場合と比べてかなり少なくなった。しかし変化の効果は非常に大きく、次の四半期に入ると実際にかかる経費は大きく縮小した。ファンダメンタルとしてこのような展開はアナリストにとって強気にとらえられる。レイケムはこれまでとは違った手法で成長と適切に向き合うことができるようになっていた。本来魅力的であるはずの会社の輝きを最も鈍くしてしまいがちな障害も、この会社はうまく乗り越えたのだった。しかし、金融市場は全体的にこの事実を認識していなかったようで、一時的に利益がさらに減少したことで、直近で付けた最安値水準の価格のままこの株式を持ち続けなければならないもう一つの要因となった。

潜在的な投資家にとって、この株価水準をさらに魅力的なものとしていた別の要因として、多くの企業で、主要な研究プロジェクトがうまくいかなくなってあきらめた直後に起きてきた現象がある。スタイランを捨てたことによる金融上の効果は、これまでそのプロジェクトに向けられていたまとまった額のお金が今や自由にほかのところへ配分できるようになったということだ。さらに重要なことは、研究の中心にいた人々の時間も同じように自由に別の試みに向けられるようになったということだ。一年か二年のうちにこの会社も、干ばつのあとに雨が降り、花畑でいっせいに花が咲き始めるように、それまで経験したことのないような多数の魅力的な研究プロジェクトを始めることになったのである。

レイケムと効率的市場

ところでレイケムの事例は、最近金融界の一角で注目を集めるようになった「効率的市場仮説」とどのような関係があるのだろうか。この仮説によると、会社について知られていることはすべて株価に自動的かつ瞬間的に織り込まれ、他人の知らない不法な「インサイダー情報」を持っている者のみが株価の行く末から利益を手にすることができるのだ。前述の事例で見ると、私が先ほど話したことをすべて関係者に即座に説明し、しかも業績が悪くなると思われていた時期がほんの一時的なものだったということもすぐに説明するということだ。

実際にこのような出来事が起こってからしばらくたち、利益も史上最高水準まで上昇していたとき、レイケムの経営陣はさらなる一手を出した。一九七八年一月二六日、彼らは一日がかりの長い会議を本社で行ったが、名誉なことに私もその場にいた。レイケムは資産運用会社、証券会社、投資顧問でレイケムへの投資に少しでも興味を持っているところ、あるいは興味を持っていそうなところの代表を全員招待していた。その会議ではレイケムの最高経営陣の一〇人が登場し、担当ごとにレイケムの見通しや問題、取り巻く現状に関して極端と思わせるほど率直かつ詳細に説明し、それは他社ではまれにしか見られない光景だった。

この会議後の一〜二年の間に、レイケムの収益力はそこで示されたとおりの成長を遂げていった。当時二三・二五ドルで取引されていた株価は、その間に二倍を大きく上回って上昇した。それでもこの会議直後の数週間は、株価には特に何の影響も見られなかった。出席した人のなかには、発表された全体像に明らかに感銘を受けた者もいた。それでもその一年か二年前に経験した二重のショックを引きずっていた人があまりにも多すぎた。彼らは当時、話された内容を信じていなかったのは明らかだ。効率的市場仮説の話はここまでである。

レイケムのような経験から、投資家や投資のプロはどのような結論を出すのだろうか。「効率的市場仮説」を受け入れ、その影響を受けている人はだいたい二つのグループに分けられる。一つは学生で、実務経験が最小限しかない人々である。もう一つは、不思議なことに機関投資家と呼ばれる大手基金のファンドマネジャーだろう。個人投資家はおおむねこの仮説にほとんど注目していないことが多い。

私個人の投資哲学を適用した経験から得られた結論としては、私のハイテク株の分野では一九七〇年代も終わりに近づくと大企業のほうにより魅力的なチャンスが出ると考えている。これは機関投資家に支配される市場であり、個人投資家が比較的大きな役割を担う小さなハイテク企業の市場ではない。わずか一〇年ほど前、当時一般的だった二重市場の概念の愚かさに気づいていた人たちは、その概念が無意味であることを認識していたことから恩恵を受けたのであり、したがっていつの時代にも誤った考え方が出てくれば、投資の洞察力を持っている者にとってチャンスが生まれることになる。

結論

さてここまでが半世紀以上にわたる私の実務経験から生まれた投資哲学である。恐らく鍵となるものは、以下に挙げる八つのポイントに集約されるだろう。

一．長期的に利益が劇的に拡大するための規律ある計画を持っており、新規参入企業にとってはその市場の拡大にあずかるのが困難な内在的な質を持つ会社を買うこと。その会社をひとつ選ぶに当たっては良くも悪くも詳細に考慮すべき点が非常に多く、明らかにこの程度の長さの文章で適切に網羅することは不可能である。興味のある方には、この点について私の著書『保守的な投資家ほどよく眠る』の最初の三章でできるだけ簡潔にまとめてみたので読んでいただきたい。簡単な概略は付録に掲載した。

二．その会社を人気のない時期に買うこと。つまり市場全体の環境が原因でも、一時的に金融界がその本当の価値について誤解をしていることが原因でも、その本物のメリットがよく理解されるようになったときに付けると思われる株価を大きく下回っている時期である。

三．その株式を、①その会社の特質に根本的な変化があったとき（人事異動による経営陣の弱体化など）、②十分に成長したために市場全体よりも速く成長しなくなったとき――までずっと持ち続けること。経済や株式市場がどうなるかということについての予測で売る場合は、万が一にもあったとしても最も例外的な状況でしか売ってはならない。そのような変化の予測は極めて困難だからだ。けっして短期的な理由で一番魅力的な株式を売ってはならない。しかし、成長するにつれて多くの会社が小さかったころは非常に効率的に経営されていたものの、大企業に求められる異質のスキルに合わせて経営スタイルを変化させていくことに失敗するということも覚えておこう。会社の成長に合わせて経営陣が成長できなかったならば、その株式は売るべきである。

四．主に大きなキャピタルゲインを求めている人は、配当には重点を置かないようにする。最も魅力的なチャンスは、収益力が高くても配当の支払いが少ないかまったくないグループに見つけられる。利益の大部分が配当として株主に支払われているような会社に大きなチャンスが転がっている可能性はかなり低い。

五．何度か間違いを犯すということは投資で大きな利益を手にしようとする場合には付き物のコストであり、最高の経営をしていて収益力も最も高い銀行であっても不良債権を抱えてしまうことが避けられないのと同じである。大切なことはそれをできるだけ早く見つけ、その原因を理解し、その間違いを繰り返さないようにするためにはどうしたらよいかを学ぶことだ。いくつかの銘柄で小さな損失を喫し、将来性の高い銘柄で利益を積極的に伸ばしていこうとすることは、良い投資マネジメントの表れである。良い投資で利を少なく、悪い投資で損失を大きくするのはまずい投資判断である。利益とは利益確定するときの満足感のためだけにあるのではないのだ。

六．本当に素晴らしい会社の数は比較的少ない。その株式は魅力的な価格で買うことができないことが多い。よって魅力的な株価のものが存在するとき、その状況を最大限に利用するべきである。資金は最も望ましいチャンスに集約されるべきだ。ベンチャーキャピタルや極めて小さな会社（年間売り上げが二五〇〇万ドル未満のような会社）の場合、分散投資を強化する必要があるかもしれない。大会社の場合、適切に分散するには経済的に異なる特性を持つ業種に多様な投資をする必要がある。個人投資家（機関投資家や特定の種類のファンドの対照的な存在として）の場合、異なる銘柄に二〇以上分散投資しているならば、資産運用の能力がない証拠である。一〇～一二銘柄が通常は良い数だ。キャピタルゲインに対する税金というコストが、数年かけて集約していく動きの根拠となることもときどきある。個人投資家の持ち株が二〇銘柄に近づいてきたら、最も魅力のない銘柄から最も魅力のある銘柄に入れ替えるのが理想的と言える。悪い結果は未熟な行動から来ると覚えておこう。

七．素晴らしい株式投資マネジメントの基本的な材料は、金融界で支配的な意見を何でも無闇に受け入れないこと、そして単に反対するためだけに支配的な意見を頭から拒否しないことである。それはある特定の状況で完全な評価を下すための知性を磨いて良い判断を下すことであり、また自分の判断力が自分自身を正しいとしているときに「大勢に向かう」行動をする精神的な勇気を出すことである。

八．株を扱うに当たり、ほかの人間活動の大部分と同様に成功に大きく影響することは一生懸命に働くこと、知性、素直さの組み合わせである。

私たちはこれらの特性を人よりも多く持って生まれたり、少なく持って生まれたりしているかもしれない。それでも自分に規律を与えて努力をすればそれぞれの要素に関する能力をだれでも「育成する」ことができると信じている。

株式ポートフォリオを管理していくなかで幸運というものが常にある程度の役を演じていると思うが、運の要素は長期的にはプラスマイナス・ゼロである。持続的な成功にはスキルとともに健全な原理を適用していく一貫性が必要となる。私の八つのガイドラインの枠組みのなかにおいて、未来はおおむね規律を通して、それを達成しようと努力をする人の手にあると私は信じている。

付録

将来性のある会社の評価指標

私の哲学では、数は比較的少ないが、傑出した将来性のある会社に投資をすることにしている。当然、調査対象の会社の成長可能性を探すのである。同じように重要なことは、分析を通してリスクを回避することだ。確認したいことは会社の経営陣にその成長可能性を具現化する資金調達をするための才能が十分に備わっていて、私が投資をしている間のリスクが最小化されるかどうかだ。次にまとめたものは、傑出した将来性を持つための基準に合致すると思われる会社の特徴をいくつか挙げたもので、財務分析や経営陣との面談、業界に関連する学識のある人々との議論のときに使用するものだ。

機能的要因

一・競争において、製品やサービスを最も低いコストで作り出すことができる会社でなければならず、またそうあり続けることを約束していなければならない。

①相対的に低い損益分岐点を持つことで不況下の市場環境でも存続することができ、弱い競争相手が市場から追い出されたときには市場における位置付けや価格決定力が強化される。

②平均を上回る利幅を確保することで内部により多くの資金を留保することができ、株式の売り出しによる大幅な希薄化や、固定金利による資金調達に依存しすぎるがゆえの制約に邪魔されることなく持続的な成長が実現できる。

二．しっかりと顧客中心の姿勢を取って、顧客のニーズや興味の変化を把握し、その変化に対して適切な手法で対処しなければならない。この能力があれば、成熟期に入ったものや時代遅れになった商品ラインを埋め合わせる以上の一連の新製品を生みだすことができる。

三．効率的なマーケティングには顧客が何を欲しているかを理解するだけでなく、顧客に分かりやすい言葉で（広告、販売営業などといった手段を通して）説明もできなければならない。マーケティングの取り組みに関する費用対効果は細かく管理され、絶えず監視される必要がある。

四．技術指向の企業以外でも今日ではしっかりと導かれた研究能力がないと、①より新しく高品質の製品を製造する、②より有効で効果的な方法でサービスを提供する――ことができない。

五．研究の効率性の違いは大きい。研究の生産性を上げるための二つの重要な要素は、①マーケット対利益の意識、②効率的な作業チームに必要な人材をプールする力である。

六．強い財務チームを持っている会社にはいくつかの重要な利点がある。①コストを正しく把握できれば、経営陣は利益につながる可能性の高い製品にエネルギーを注ぎ込むことができる。②コスト体系が分かると、製造、マーケティング、研究の費用のどこが非効率的なのか、細部をピンポイントで指摘できる。③固定資本と運転資本を厳しく管理することによる資本の保全。

七．重要な財務機能としては、収益の脅威となり得る影響を十分早い段階で突きとめる早期警告システムを提供し、マイナスのサプライズを最小限にするための対策を考えだすことである。

人的要因

一．会社がより大きな成功を収めるためには、原動力と独自のアイディア、会社の財産を築き上げるために必要なスキルを持ち合わせ、決然とした起業家的な性格の持ち主であるリーダーの存在が必要である。

二．成長志向の最高経営責任者は自分の周りを非常に有能なチームで固め、会社の活動を遂行するための重要な権限を彼らに委譲しなければならない。機能不全の権力闘争とはまったく無縁なものとしてのチームワークは非常に重要である。

三．現場レベルの有能な管理職を引きつけ、彼らがより大きな責任を持てるように訓練することに注力しなければならない。後継者は社内にいる人材のなかから選ばれるべきである。最高経営責任者を外部から採用しなければならないことは、特に危険なサインである。

四．起業家精神が組織に浸透していなければならない。

五．成功をしている企業には通常いくつかの独自の個性が備わっているものである。例えば、特に効果的な方法で物事を進めることができる経営陣などである。これはプラスのサインであり、マイナスではない。

六．経営陣は、自分たちが事業を展開している世界はこれまでにないほど速く変化しているということを認識し、またその事実に同調していなければならない。

①物事の進め方で受け入れられているものはすべて定期的に再検討され、新たな改善された方法が求められなければならない。

②経営アプローチの変化にはリスクが必ず伴うが、このリスクが認識され、最小限に抑えられ、そのうえで取らなければならない。

七．ブルーカラーの労働者も含むすべてのレベルの従業員に対して、自分が働いている会社は本当に良い職場だと信じさせるための努力が、純粋、現実的、意識的、継続的な形で行われなければならない。

①従業員は合理的な尊厳と良識のある待遇をされなければならない。

②会社の労働環境と福利厚生制度がやる気の素にならなければならない。

③恐怖を感じることなく不満を表現することができ、それに対して適切な注目を受け、ある程度の対応が期待できると人々が感じられなければならない。

④参加型の企画がうまく機能し、これが良いアイデアの重要な源であること。

八．経営陣が健全な成長のために必要な規律に従うことに積極的でなければならない。成長するためには、将来の価値ある改善の土台を築く目的で現在の利益をある程度犠牲にすることが必要である。

ビジネス的特徴

一．新たな投資を考えるときに管理者は投資リターンを気にしがちだが、過去の費用のうえに計上された過去の資産で比較すると、会社のパフォーマンスはゆがめられてしまうということを投資家は認識しなければならない。売上高営業利益率が良ければ、在庫回転率の数値が違っていても投資の安全性を示すものとしては、特に物価が上昇している環境ではより優れた指標と言えるかもしれない。

二．大きな利幅は競争を呼び、競争によって利益を出す機会は食いつぶされる。競争を静める最善の方法は、営業を効率的にして参入を考えている者の意欲を削いでしまうことである。

三．販売における効率性は、中間管理職のお役所的な層の非効率性によって相殺されてしまうことが多い。しかし経営状態の良い会社であれば、業界のリーダー的地位にあることも競争力の大きな強みとなり、投資家を魅了するはずである。

四．新製品の市場に一番乗りすることは、一番になるための長い道のりの始まりである。会社のなかには一番に到着することでうまくいくところもある。

五．製品は互いに独立しているのではない。異なった製品間の間接的な競争というものがあり、ほかの製品の価格が変化すると、製品によっては経営のうまくいっている低コストの会社であっても製品の魅力が損なわれることもある。

六．既存の競合他社がすでに強い地位を確立している市場では、新しい優位な製品を導入することは困難である。新規参入者が生産体制やマーケティング力、世評を高めて競争力をつけようとしている間にも、既存の競合他社は防衛体制を強化する行動をとって失った市場を取り戻すことができる。革新者側は、既存の競争相手の持つ技量と比べて新規性のある手法を用いて電子工学や原子核工学といった技術分野を統合していけば、成功のチャンスが高まる。

七．技術は業界のリーダーとなるためのひとつの手段にすぎない。消費者の「フランチャイズ」

を作ることもまたひとつの手段である。サービスで優位に立つこともまたひとつだ。いずれの場合にしても、新規競争相手に対して既存の市場を防衛する強い能力というものが、健全な投資にとって必須の要素となる。

＊この付録は『保守的な投資家ほどよく眠る』をまとめたものである。

保守的な投資家ほどよく眠る

CONSERVATIVE INVESTORS SLEEP WELL

私はこのビジネスライフを通して、自分のビジネスの成功は、あるいはすべてのビジネスの成功は、二つの「I」と一つの「H」の原則に従うかどうかにかかっていると信じてきた。つまり、Integrity（誠実）、Ingenuity（創意）、そしてHard Work（勤勉）である。私は本書を三人のわが息子に捧げたいと思うが、私ととてもよく似たビジネスを行っているアーサーとケンも、そして大きく異なるビジネスを行っているドンも、この二つの「I」と一つの「H」の原則に従っていると信じたい。

正確に測定することは難しいが、本書に述べるとおりアメリカ人投資家の士気が下がっている兆候が多方面で現れており、今世紀を振り返ってみても一～二を争う状況である。知名度も高く、なじみ深いダウ工業株三〇種平均は株式市場の水準の日々の変化を表す優れた指標である。それでも長期的に見た場合、この平均株価は最近株式を保有している多くの投資家が負ってきた傷の全貌を示すどころか、それを隠していると思われる。上場株すべてに起こったことを反映するとされながらも、発行済み株式数でそれぞれの加重平均がとられていないこの指標は、一九七四年の中間地点で平均株価が一九六八年のピークから七割下落していることを示している。

このような損失を抱えた投資家のうち、大多数の人々は完全に予測可能ないくつかの行動を取った。まずはじめは完全に株式市場から撤退したグループである。だが、そのような状況のなかで、多くの企業は驚くほど経営状態が良い。物価上昇の進行が不可避とされるなか、その他の安全とされる投資先と比べて、適切に選択された株式のほうが大幅に低リスクとなる場合もある。

そこで次には、「これからはより保守的な行動をとる」と心に決めた人のグループが登場した。通常、この場合の原理的な考え方として、大企業、つまり会社名がほぼだれにでも知られているような企業に買いを限定することになる。ペン・セントラルやコン・エジソンの名前や、これらの会社がどのような事業をしているかを知らない人は米国では恐らく少数派であろうし、また北東部ではほぼ皆無と言えるだろう。従来の基準で見ると、数年前のペン・セントラルや最近のコン・エジソンは投資先としては保守的な部類に入る。

残念ながら保守的に行動するということと、従来どおり行動するということはかなり混同されており、本気で自分の資産を保全しようとしている人たちのためにもこのことについては全体的に大掛かりな解体をして考える必要がある。まず手がかりとして定義は一つではなく、二つ考えるべきである。

一．保守的な投資とは、リスクを最低限に抑えて購買力が保全（維持）される可能性がもっとも高いもの。

二．保守的に投資するということは保守的な投資の構成要素を理解し、そのうえで個別の投資に関して特定の投資手法が実際に保守的な投資であるかどうかの適切な判断が必要とされる一連の行動手順を踏むことができることである。

次に保守的な投資家になるために、投資家や推奨をもらっている人のどちらかに必要となる要件も二つある。まず保守的な投資に要求される資質を理解していなければならない。それから特定の投資が保守的とされるかどうかを見極めるためにしなければならない調査がある。両方の条件がそろわなければ、株を買う人は幸運であろうがなかろうが、従来のアプローチを取ろうが取るまいが、いずれにしても保守的とは言えないのだ。

私に言わせれば、このような問題が混同されている状態が今後もずっと棚上げされていくということは非常に大きな問題である。ルールに従おうとまじめに努力をする現役の投資家が大不況の苦しみを経験することは、株主だけでなく米国経済全体にとっても許されない。これを越える規模の不況といえば、四〇年ほど前に先代が経験した世界大恐慌くらいだ。今日のアメリカは、過去に例を見ないほど国民の生活様式を改善する機会に恵まれている。そのための専門的な知識やノウハウを確実に持っている。

しかし、そのようなことを従来のアメリカ的な手法で行うためには、かなり多くの投資家や投資業界の関係者に対して基本的な原理について真の再教育がある程度必要になってくる。本当に安全な銘柄だから経済的にも安心だと思う投資家がもっと増えていかないと、新規上場市場の再開はなく、それがないと企業が合法的に資本を追加調達し、何か新しいプロジェクトを進めていくための基盤をしっかりと築いていくことができない。これが実現しなければ、残された手は、国内であろうが国外であろうが、官僚的な無機質な方法で管理され、いつも無駄が多く、非効率で高くつくとされる政府による融資という形で必要なことが進められていくだけである。

以上のような事情を考えると、私たちは今日の投資家の問題に正面から率直に立ち向かっていくべきであると思っている。本書でこの問題を取り上げるにあたり、私は実の息子であり、タイトルをはじめとして本書の構想にも力を貸してくれたケンの助言からたくさんのことを学んだ。ケンの助力については、この場では感謝の意を十分に伝えきれない。

本書は大きく四つの節に分けられている。最初の節では、定義の一つめに挙げた保守的な株式投資についての解剖学（この言葉が適切かは分からないが）を取り上げる。二番目の節では現在のベアマーケットの誕生にかかわった金融界の役割（失敗とも言うことができる）を分析する。この批評の意図は単に石を投げるためではなく、将来的には類似の間違いは避けられるということと、最近の間違いを研究すれば特定の基本的な投資原理がはっきりしてくるということを指摘したものである。三番目の節では、定義の二つめに挙げた保守的に投資するために必要な一連の行動について取り上げる。最後の節では、株が資産を保存するために適した手法なのかどうか、つまりギャンブル目的以外で株式をとらえ、多くの人の心の中に大きな疑念が生まれる原因となっている影響力について考える。

最近のベアマーケットの原因となった問題によって株式の保有は単にだまされやすい人のためのワナとなっただけなのか、あるいはその場の大衆心理に影響されることなく物事を考えて行動のできる、能力と自制心のある人たちのための素晴らしいチャンスが作り出されたのかという命題に対して、本書が解明の手助けとなれば幸いに思う。

フィリップ・A・フィッシャー（カリフォルニア州サンマテオにて）

第1章　保守的な投資の要素――生産における優位性、マーケティング、調査、ファイナンシャルスキル

保守的な投資の対象となる規模と種類の会社は、必然的に複雑な組織体系をしている。保守的な投資をするために必要なことを理解するためには、まずそのなかの特徴的なことで確実にあると思われる要素を説明しておかなければならない。この要素はさらに四つの小区分に分解することができる。

一．低コスト生産

真の保守的な投資対象であるためには、その会社がすべての商品ラインナップとは言わないまでも、大部分を最も低いコストで生産しているか、競合他社のいずれと比べても同じ低コストで生産していなければならない。また、将来にわたりこの状態が継続するという確約もなけ

ればならない。この状態でなければ、その会社はコストと売値との差額で十分な利幅を確保し、株主に対して二つの重要な条件を提供することができない。一つは、どのような競争でも対応できるように、採算ラインまで十分な余裕を確保することである。悪い年が来れば、価格が採算ライン以内に収まる状態も長くは続かないだろう。そうなれば、コストの高いほうの競合他社の損失のダメージは大きく、なかには生産をやめざるを得ない競合他社も現れてくるだろう。これは自動的に生き残る低コストの会社の利益を引き上げることになる。なぜならそれまで閉鎖された工場から供給されていた分の需要を引き継ぐことで生産が増加するため、利益が増えることになるからだ。低コストの会社の利益は、競合他社の供給が減った分だけ取引が増えるというだけでなく、供給過多の圧力がなくなり、価格を引き上げることも可能になる。

二つめの条件は、平均以上の利益率を確保することによって財務基盤の拡大に必要な資金の大部分、あるいはすべてを社内で賄うことができるということだ。その結果、追加的な長期資金を調達する必要性がかなり減り、あるいはその必要がまったくなくなるため、①新株を発行して発行済み株式の価値が希薄化すること、②定期的な利払いや返済日の決まっている新たな債務（これはだいたい将来の収益でまかなわれる）を作りだして株主のリスクを大きく高めたりすること――もない。

しかし念頭に置くべき点は、低コストのメーカーはその度合いに応じて投資の安全性と保守性が高まるものの、その分だけ好景気のブルマーケットでは投機的な魅力が減るということだ。

そのようなときの利益の増加率は、常にコストが高くハイリスクな新興企業ほど飛び抜けて大きくなる。簡単な計算をしてみれば、理由が分かる。ここで二つの同規模の架空の会社を考えてみよう。両社は平常時には小型機器を一個一〇セントで販売していた。A社は一個当たり四セントの利益を上げており、B社は一個当たり一セントの利益である。今、コストは変わらないが一時的にこの機器の需要が高まり、価格が一二セントまで上昇したと仮定してみる。両社の規模は変わらない。強い会社A社の利益は一つ四セントから六セントに増加する。五〇％の増益である。一方、コストの高いB社のほうは三〇〇％の増益となる。利益が三倍だ。つまりこれが、好景気のときにはコストの高い会社のほうが短期的には株価がより大きく上昇し、その数年後に景気が悪化して機器の価格が八セントに下落して、生産台数が元に戻ったとき、強い会社A社のほうが十分に耐えられる利益を上げ続ける理由だ。このコスト高のB社が破綻しなければ、次にまた大損をする投資家（あるいは自分を投資家と思っている投機家）が生みだされ、悪いのはシステムのほうであり自分自身ではないと確信を持つことになる。

これまでの話はすべて製造業の企業を念頭に置いて書いている。そのため「生産」という言葉を使った。もちろん多くの会社はメーカーでなく、卸売りや小売りあるいは銀行や保険といった金融界の小区分に属するものも多いのだろう。原理は同じであるが、生産の代わりに「営業」という言葉が使われ、また低コスト・高コストのメーカーと言う代わりに低コスト・高コスト事業者となる。

二．強いマーケティング組織

強いマーケターは常に変化する顧客の欲求に敏感になり、会社が今求められているものを提供しているか、もう求められていないものを提供し続けていないかを知らなければならない。例えば二〇世紀に入ったころ、馬車の主力メーカーが馬車を豪華にしていくことで競うことにこだわり、自動車にシフトすることやこの業界から完全に撤退することを考えていなかったならば、彼らは間違ったマーケティングの取り組みを行っているということになる。現代の事例を出すならば、恐らくアラブ諸国が石油の禁輸措置を実施し、米国の各家庭で大型自動車はガソリンの浪費という認識が定着するかなり前から小型の輸入コンパクトカーの人気が上昇の一途を辿っているのを見て、世間の求めるものがそれまで長年人気だった大型で派手な形式から、低価格で維持費も安く、駐車も容易な製品へと変化していることに気づくことができなければ、自動車業界の人はどこか間違っているということになる。

しかし世間の好みの変化を認識し、その変化に迅速な対応をしているだけでは十分とは言えない。前にも述べたとおり、ビジネスの世界では単純に良い新製品を出したからといって顧客が押し寄せる訳ではない。商売の競争社会では、潜在顧客に製品やサービスのメリットを認識してもらうことが必須である。そのような認識をしてもらうためには、ただ潜在顧客が何を本当に欲しがっているのかを理解し（顧客自身がなぜそのメリットが自分にとって魅力的なのかをはっきりと分かっていないときもある）、売り手側の言葉ではなく、顧客側の立ち場になって説明すればよいのである。

そのために広告を打つのが良いのか、販売員が電話をするのが良いのか、専門の独立系マーケティング会社にやってもらうのが良いのか、あるいはこれらをいくつか組み合わせてやるのが良いのかについては、ビジネスの性格によって異なる。それでもどのような場合でも必要となることは、採用された手段を細かく管理することと常に経営上の費用対効果を測定することである。この領域に明るい経営陣が欠落している場合に出てくる結果として、①得られたはずの取引量が大きく減る、②コストが著しく高くなってしまうことで事業から獲得できる利益が小さくなる、③会社の商品ラインのさまざまな要素から得られる収益にバラツキがあるため、商品ライン内で最大限の利益を獲得することができなくなる――ということが起こり得る。効率性が高くともマーケティングと販売が弱いメーカーまたは事業者は、強力なエンジンに例えられる。タイミングベルトが緩かったりデフギアの調整があまかったりするとわずかな成果しか上げることができず、本来獲得できるはずの仕事量が得られない。

三、卓越した調査と技術的取り組み

つい最近まで、卓越した技術力が必要なのは電子や航空宇宙、医薬、化学の製造といった数少ない高度な科学的バックグラウンドが求められる産業に限定されていた。これらの産業が成長するにつれて、その発達し続ける技術はすべての製造ラインとほぼすべてのサービス産業に浸透した。今日では素晴らしい研究・技術的能力を持つ社員を抱えることの重要性は、現在の靴メーカーや銀行、小売り、保険会社などにとって、従来、科学産業が巨大な研究組織を持っていたことと、完全にとは言わないまでもかなり近いと言える。技術的な取り組みは現在二つの方向に向いている。一つはより良い新製品を生産すること（この点においては、科学研究員は当然のことながら、食料雑貨チェーンよりは化学メーカーのほうに若干大きな貢献をすると考えられる）であり、もう一つは過去よりも良い方法で、あるいは安い方法でサービスを提供することである。後者の目的について言うと、素晴らしい技術者の才能はどちらのグループにとっても同等の価値を生む。実際にサービス業の一部では、技術者グループが新しい製品ラインを開拓しながら、一方で古いサービスの実施方法を改善する道を整えている。銀行はその例である。低コストの電子入力端末やミニコンピューターによって顧客に対して会計や簿記のサービスを提供できるようになり、つまりこれらの顧客企業にとっては新しい製品ラインが創出されたことになる。

研究や技術開発においては、マーケティングと同様に会社によって効率性に大きな隔たりがある。新製品開発の場合は、その仕事の複雑性によってこれが決まる。重要なことは、技術的な力量あるいは会社の研究スタッフの創意工夫の違いは、その会社が研究開発活動から引き出す利益に影響を与える要素の一つにすぎない。新製品の開発には通常、それぞれ技術的に異なる高い専門性を持つ研究者が数多く集まり、その努力を積み重ねることが必要であるとされる。これら個人がいかにうまく協力することができるか（あるいは、リーダーによってお互いに協力し、刺激しあうように仕向けられるか）が、かかわっている人間個別の力量と同じくらい重要であることが多い。そのうえ、利益を最大化するためには何でもよいから製品を開発するのではなく、大きな需要があると思われるものを開発することが重要である。つまり、会社の既存のマーケティング組織で（ほぼ常に）売ることができ、価値ある利益を上げられる程度の価格で作ることができるものを開発するのである。これには常に研究とマーケティングおよび生産の間に効率的なリンクが必要となる。会社に世界で一番の開発チームがあったとしても、売れる製品を開発できなければ、それは負債となる。会社が本当に投資上の優位性を持つためには、これらすべての複雑な関係性を統制できる平均以上の能力がなければならないが、それと同時に自社の研究者がそもそも素晴らしい人間であるゆえんとなる意欲や創意性を喪失させてしまうほど統制しすぎてもならないのである。

四．ファイナンシャルスキル

この生産、マーケティング、研究の議論のなかでは、利益と利益率という言葉が再三使われている。多様な製品ラインを抱える大企業で製品それぞれのコストを個別に把握することは、材料費や直接の労働力以外の大部分の費用が、複数の製品あるいはすべての製品に共通であるため簡単な作業ではない。平均以上の財務力を持つ会社には、いくつか特筆すべき強みがある。各製品の儲けの幅を正確に把握することで、利益が最大になるための最大の努力が可能となる。製造だけでなく販売や研究開発も含め、コストの各項目をきちんと把握しておくことで、企業活動の細部に至るまで技術的革新や人々の具体的な仕事内容の改善といった手法を使い、費用削減のための特別な努力をすることが妥当と思われる場所が見つかる。特に重要なのは、本当の意味での素晴らしい会社は、質の高い予算や会計を通して収益計画の脅威となる良からぬ影響力を即座に見抜くことができるような早期警告システムを作ることができるということだ。そのうえで多くの会社で投資家にショックを与えてきた痛みを伴うサプライズを避けるための改善措置がとられる。そして高いファイナンシャルスキルから投資家にもたらされる「おまけ」は、これにとどまらない。彼らは通常、設備投資においても良い選択をし、会社の投資金額に対して最大限の見返りがもたらされる。また売り掛けや在庫の管理でも優秀であり、高金利の時代にはその重要性が高まる。

ここでまとめると、保守的な投資の一つめの要素の基準に合う企業とは、その分野において非常にコストの低いメーカーか事業者であり、かつ素晴らしいマーケティング力と財務力を持ち、社内の研究や技術組織から十分価値ある成果を引き出すという経営上の複雑な問題に関して平均以上のスキルを持っている企業のことである。見たこともない速さで変化が起こっている世界において、それは、①技術革新などで時代遅れとなってしまう古い製品ラインを埋め合わせる以上の収益力のある新製品や新製品のラインを継続して開発する能力を持つ企業、②現在と将来にわたりその製品ラインを十分低いコストで生産し、よって少なくとも販売と同じ速さで利益の流れを生み出していくことができ、またビジネス全体がうまくいかない最悪の年であってもこの事業に対する投資の安全性の脅威になるほどの収縮を経験しないような企業、③最近の製品や将来的に開発される商品を少なくとも現在と同じくらいの収益が出せる水準で販売ができる企業――である。

これは慎重な投資の一つの側面である。ほかの側面によって損なわれてしまうことがなければ、投資家ががっかりする結果となる可能性が低い投資先の代表となる。しかし、その他の側面の検討に入る前に、もう一点だけきちんと理解しておかなければならないことがある。自身のお金を守ることが目的である場合、もし私たちの目指すところが安全性だったならば、なぜこれまで成長や新製品ラインや製品の追加投入のための開発について話をしてきたのだろうか。ビジネスを現状の規模や利益水準に維持し、新しい試みを始めるときに生じるあらゆるリスクをとらないようにするだけで十分でないのはなぜだろうか。投資に対する物価上昇の影響力についてて話すとき、成長の重要性に対してはほかの論拠が現れてくる。しかし根本的に忘れてはならないことは、変化がどんどん加速する世界においては、長い目で見て変わらないものは存在しないということである。現状にとどまることは不可能である。会社は成長するか縮小するかのどちらかである。強い攻撃力は最大の防衛力である。良い方向へ成長していくことだけが、会社が悪い方向に成長していないという確証になる。浮上することに失敗した会社は、例外なく転落する。そして過去にこれが正しかったならば、将来についてはなおさら言えることである。その理由は、技術革新のペースがこれまでにないくらい速いことに加えて、変化する社会の慣習や購買習慣と政府の新しい要求によって、最も目立たない産業が変化する速度さえ、今までにないような速さになっているからである。

第2章　保守的な投資の要素二――人的要因

簡単にまとめておくと、保守的な投資の要素の一つめは、生産、マーケティング、研究、財務の面での管理という基本的な分野における飛び抜けた経営能力であった。この一つめの要素は、事業が現在どのような状態にあるかについての説明であり、本質的には結果事項である。二つめの要素はその結果によって何が生み出されたかということであり、それを将来にわたり生み続けられるかどうかということについてより重点的に取り上げる。その発生要因となる力、つまり、ある業界において、素晴らしい投資先とそうではない平均的で月並みな投資先、悪い投資先との違いを作りだすものとは、本質的に「人」である。

ベンチャーキャピタルのパイオニアであり、現役時代の言葉が本書の考え方の一部に多大なる影響を与えたエドワード・H・ヘラーは、「活力ある人材」という言葉を使い、彼自身が大きな財務的支援を行いたいと思うタイプの人について説明している。彼によれば、大きな成功を収めた会社の背後には必ずこのような素晴らしい人物がいて、その決断力、独創的な発想とスキルで会社を本当に投資価値のあるものにしているのである。

小さな会社をかなり大きな会社へと成長させるという過程（これは彼が最も興味を持っていた分野で、彼自身が最大の成功を収めたところ）に限定すれば、ヘラーの言い分は正しく、疑いの余地もない。しかしその小さな会社が大きく成長し、適切な保守的投資の対象になっていく過程で、ヘラーのような考え方は、自分の親友が社長を務める会社に投資することに大きな疑問を呈する優秀な経営者の次の意見によって修正されることになる。「私の親友は、私の知るなかで最も優秀な人間の一人だ。彼はいつも正しかった。小さな会社であればそれで良い。しかし会社が大きくなれば、部下も正しくなければならない」

本当に保守的な投資の二つめの要素の核心は、長期的な成長のために専心し、会社のさまざまな部門や機能を担当する極めて有能なチームに囲まれ、またそのチームにかなりの権限を委譲している会社の最高経営責任者である。これらの人々は終わりなき内部の権力闘争に取り組むのではなく、明確に打ち出された企業目標に向かって協力していく。その目標の一つとして投資で本当に成功するために絶対に必要なことは、経営陣トップが時間をかけて、必要なときが来ればいつでも上級経営陣のあとを継ぐことができるように有能でやる気ある後継者を見つけ、教育しておくことである。その代わり指揮系統下の各階層において、その階層の人間が一つ下の階層の人間のために同じことをやっているかどうかを確認するために細かく注意を払わなければならない。

このことはつまり、本当に保守的な投資に該当するための資格に当てはまる会社では内部昇進のみで人事を回し、最下層または新卒の人間以外、外部から人材採用をしてはならないということを意味するのだろうか。非常な速さで成長している会社では追加の人材は必要だが、単にすべての職種の人材を賄うための内部訓練を行う時間がないというところもあるだろう。またとてもうまくいっている会社でも、自社のこれまでの通常業務からかけ離れた、非常に専門的なスキルを必要とする人材が必要となることもあり、そのような専門職が社内に存在しない場合もある。会社の主な事業内容からかけ離れた法律や保険、科学のなかの特定の分野で専門性を持つ人物がそれにあたる。それに加えて外部から随時採用することにはメリットが一つある。外部から採用することで取締役会に新しい視点を持ち込むことができ、つまり最善策として従来から受け入れられている考え方に疑問を投げかける新鮮な考え方を注入することができるということだ。

しかし一般的に、本当に投資価値のある会社は通常社内から昇進させる。その理由は、投資対象として優れた会社はすべて（これは大企業や有名企業である必要はない）、自社の必要に応じた独自の方針や物事のやり方を発達させているからである。仮にその特殊なやり方が本当に価値あるものであれば、長い間そのやり方に慣れている人々が別のやり方に合わせることは難しいのが普通で、不可能であることも多い。その新人の配属先が組織の上層部であればあるほど、新しいやり方の導入は高くつくと考えられる。これを証明する統計は何も持ち合わせていないが、私の観察では、非常にうまくいっている会社においてトップ近くに配属された執行役員のうち、驚くほど多くの人が数年後には辞める傾向にある。

一つだけ投資家にとって確かなことがある。それは、大手企業が外部から新しい経営責任者を連れてこなければならないということは、現行の経営陣のどこかが根本的におかしいという悪い兆候だということだ。最新の財務諸表を見てどれだけ良い兆候が表面的にあったとしても、それは関係ない。この新社長は経営をうまく切り盛りして、やがて自身の周りに真の経営チームを構築し、現行の経営陣を襲ったような動揺が再び起こるのを防いでくれるかもしれない。結果的にそのような会社の株式はやがて賢い投資家の眼鏡にかなうものとなる。しかし、この再構築はとても時間のかかるリスクの高い過程となる可能性もあり、もし自分の持ち株のなかでそのようなことが起こっていると分かったら、その投資家は自分のそれまでの投資活動すべてを見直して、過去の行動が本当に正しい根拠に基づいて実行されたものだったのかどうかを判断してみるのが良いだろう。

ある会社の経営がワンマンの独裁的なものであるのか、それともスムーズに進んでいるチームワークであるのかを見極めるために、投資家ならばだれでも手に入れられる価値のあるヒントがある（ただしこのヒントを見てもどれだけ良いチームかが分かるわけではない）。すべての上場企業の経営トップの年俸は、株主総会召集通知書で公表されている。一番手の報酬が二番手や三番手の報酬を大きく上回るものである場合、警告灯が点灯する。報酬の差がなだらかであれば点灯しない。

この投資家にとって最適な結果がもたらされるためには、経営に携わる人材がチームとして協力し、上位の欠員を補完できるだけの能力を持っているだけでは十分とは言えない。ヘラーの言う「活力ある人材」、つまりかなり満足度の高い物事でも現状のままに放置せず、さらにそれを大幅に改善していくような創意と決意を持つ人ができるかぎり多く存在する必要があるのだ。そのような人材を見つけるのは容易ではない。モトローラという会社は金融界からまったくと言っていいほど注目を浴びないような企業活動をしてきているが、それはつまりこの分野において常識的に可能と思われている範囲を超えて劇的なことを成し遂げる可能性を秘めていることになる。

一九六七年にモトローラの経営陣は、それ以後の数年間に見越されていた高い成長率を実現するためには、経営陣の上層部が安定的に発展していかなければならないということを認識していた。そして、正面から問題に立ち向かうことを決意した。その年、モトローラはアリゾナ州オラクルに幹部養成所を開設した。これを開設した目的は、日常業務の行われる事務所や工場と異なる環境において、次の二つのことを実現することであった。一つは、将来有望と見込まれるモトローラの人材が目前の活動を超える範囲の物事において訓練され、さらに重要な仕事を任せられるようになること。もう一つは、そのような人材がどれだけ昇進に値するかということについて、トップの経営陣がより強い確証を持つことができるようになることである。

幹部養成所を設立したとき一部の経営陣から、その取り組みにかける費用の価値はあるのかとの疑問の声が投げかけられた。その理由は、会社の視点からして、この特別訓練を与えるだけの価値を引き出すことができる人材がモトローラのグループ全体を見ても一〇〇人に満たないのではないかと思われていたからだ。しかし現実には、この疑問を呈した人々の考え方がまったく間違っていたことが明らかになった。養成所では一クラス一四人のクラスが毎年五～六クラス開講された。一九七四年中旬までモトローラの社員およそ四〇〇人がこの学校を出た。そして現行の副社長を含めかなりの多くの人が、入社当初の見込みを大幅に上回る能力を持っていたことがはっきりとした。さらにこの取り組みにかかわった人々については、会社の視点から見ても設立の初期段階と比べても、最近の人々のほうがより良い結果を出している。モトローラの総雇用者数は会社の成長に伴い増加傾向にあるが、有望なモトローラ社員はこれからも現れ続け、この活動自体が無限に継続されていくと思われる。投資家の視点から見た場合、これらすべてのことは、成長率が大きく平均を超えているような会社であっても、十分に創意を活用すれば、社内から必要な逸材を「育てる」ことが可能であり、急成長する会社が少なからず素晴らしい才能を持つ人間を採用するために外部に目を向けるときに生じる摩擦や失敗の高いリスクを負うことなく、競争上の優位性を保つことができるということを示している。

人はそれぞれ個性を持っている。それは各個人を決める性格上の特徴であり、ほかの個人と区別するものとなる。同様に企業もそれぞれ独自の物事のやり方を持っている。経営方針をしっかりと持っている企業もあれば、そうでない企業もある。ほんのわずかかもしれないが、それぞれの企業が異なる方針を持っている。成功している企業であればあるほど、その一部に独自性の高い方針を持っていることが多い。そしてこれは特に、比較的長い期間にわたり成功してきた企業に当てはまることが多い。個人の場合、成熟してしまうと根本的な性格が変わることはほとんどないが、それとは対照的に、企業のやり方が影響を受けるのは外部の出来事だけでなく、その組織内のトップにいる人々の周りで時の流れとともに巻き起こる、まったく性質の異なる出来事に対する反応にも影響される。

しかし、会社同士の経営方針がどれだけ大きく異なっていようとも、ある会社の株式が保守的な長期投資の対象として保有する価値がある場合、常に共通する三つの要素が必ずある。

一・会社はその事業の対象とする業界が絶えず加速しながら変化をしているということを認識しなければならない

すべての会社の考え方や計画は、現在行っていることに常に挑戦をするものでなければならない。そして、その挑戦は一時的なものではなく、何度も何度も繰り返し行われる挑戦でなければならない。すでに受け入れられている物事のやり方はすべて、検証に検証を重ねて、人間がミスを犯すということを考えても、それが本当に最善の方法であるということを確認すべきである。必要ならばリスクをとって変化する条件に合うように新しい手法に差し替えなくてはならない。どんなに容易に見えるやり方であっても、単に過去にうまく機能したということや伝統的に当然とされてきたということだけでは、そのやり方を維持すべきではない。頑固に行動方針を維持している会社や絶えず自ら挑戦をしていかない会社には一つの道しか残されていない。没落だ。それとは対照的に、変化を実現するために自らの体制を整えようと計画的に努力をしている大企業の経営陣は、株主にとって最も魅力的な成果を生み出している。その例がダウ・ケミカルという会社だ。この会社の過去一〇年間を見ると、少なくとも米国内においてはどの大手化学メーカーと比べても、それを上回る業績を上げているとよく言われる。恐らくダウにとって最も重要な過去との決別は、地理的な線引きをして会社の経営体制を五つに分割したことだろう（ダウＵＳＡ、ダウ・ヨーロッパ、ダウ・カナダなど）。これが、しばしば大企業につきまとう官僚的な非効率に悩まされることなく、地域の特性に合わせた最適の方法で素早く問題に対処する唯一の方法だと考えられた。その効果についてはダウ・ヨーロッパの社長が次のように述べている。「現在われわれが目標にすべき成績は、世界中に散らばるわれわれの姉妹会社（ダウ）によって達成される数字だ。直接の競合他社ではなく、これらの会社との競争がわれわれを一番に押し上げている」。投資家の視点からしてこの変化の最も重要な点は、恐らく変化が実現されたということではなく、既存の方法で十分に成功を収めていたほかの多くの多国籍企業よりもダウがずっと少ない売上高しか上げていない時点で、その変化を実行したということであろう。つまり、変化と改善が危機への強制的な対応策として生まれてきたのではなく、機能しているシステムをより良くするための革新的な考え方から生まれてきたということである。

これは、革新的なこの会社が過去と決別して素晴らしい競争の履歴を残してきた数多くの方法のうちのほんの一つにすぎない。ほかにも、ある製造業の会社がスイスの銀行の完全子会社化を一から手がけ、輸出産業にいた取引先が必要としていた資金繰りを助けることで成功を収めたというそれまでにない話があった。このときも経営陣は過去との決別を躊躇して初期段階の会社にリスクを生じさせるに至ることなく、企業としての内在的な強さを拡大するという結果につながった。

この会社の過去からは、もっと多くの事例を引きだすことができる。しかしここでは、そのような行動が生きるさまざまな分野を説明する事例として、あと一つだけを紹介するにとどめる。大多数の企業よりもずっと先に、ダウは公害を防ぐために巨額の資金投入が必要であることを認識していただけでなく、大きな成果を上げるためには単なる経営トップからの忠告以上のものが必要であると結論づけていた。つまり、中間管理職レベルの同調的な協力を得ることが必要だった。結局、これを実行するための最も確実な方法として、直接の関係者の利益になるような動機に訴えようということになった。彼らには、汚染物質を販売可能な商品に変えて収益を上げる方法を探すように指示が出された。あとは事業の歴史のとおりである。経営トップ、工場管理職、そしてこれを支える高い技術力を誇る化学技師の力をフルに活用して一連の初の試みを成し遂げて公害を除去し、通常はかなり反企業的な視点を持つ環境団体の多くから称賛を得たのだ。そしてさらに重要なことに、すべてというわけにはいかなかったが、ダウは工場が所在する地域の大部分と敵対的状況に陥る事態を避けることに成功した。これを成し遂げるのに投じた資金は総じて少額に留まり、さらに営業黒字に結びついた事例もあった。

二．宣伝文句ではなく、事実に基づいた意識的かつ継続的な努力を行い、新人のブルーカラーやホワイトカラーの労働者から経営陣の上層部に至るまであらゆるレベルの従業員が自分の働く会社について良い職場であると感じさせることが必要である

この世の中では、私たちは賃金をもらうために毎週かなりの時間を他人により指図されたことをするために費やしているが、本当は自分の好きなことをしたり娯楽をしたりすることにより多くの時間を費やしたいはずである。ただ大部分の人が他人の指図に従うより仕方がないと思っている。経営者が少数のトップクラスだけでなく従業員全体に対しても、良い職場環境を作り、従業員のためを思って想定されることはすべてやるべきだと指示を出せば、生産性の拡大やコスト削減といった会社側が受ける見返りは、そのような方針を貫くために必要なコストを大きく上回る。

この方針を実行するための最初のステップは、従業員一人ひとりが尊厳をもって配慮を受けながら扱われていると確認できること（口先だけでなく実行すること）である。一年ほど前、全米最大手の一つである企業の生産ラインの従業員が、会社にある洗面所だけでは昼食前に手を洗う時間が足りなくなるという理由で、油まみれの手で昼食を取ることを余儀なくされているという記事を読んだ。この会社の株式はまったく別の理由から私の投資対象とはなっていなかった。したがって、この告発が事実に基づいたものなのか、あるいは賃金交渉のなかでの感情的な闘いによるものなのかは私には定かではないが、仮に真実ならば、この条件だけを見れば慎重な投資家にとってこの会社の株式を保有することは適当ではないと私は思う。

従業員を尊厳と礼儀をもって扱う以外にも、従業員の忠誠心を本当に得るための手立ては数多くあり、また多様である。年金制度や利益分配制度も大きな意味を持つだろう。また、あらゆるレベルの従業員との双方向のコミュニケーションを良くしておくことも、その一つとなり得る。全体的な問題については、何が実行されたかだけでなく、なぜそれが実行されたのかをみんなに知らせておくことが摩擦発生の防止につながる。実際にさまざまな階層の従業員が何を考えているのか、特にその考え方が敵対的なものである場合はそれを把握しておくことがより重要なこととなる。報復の恐怖なく不満を上司に対して言うことができるという感覚が社内にあることは会社にとってとても有益なことであるが、このオープンな方針は浸透までに時間がかかるため、それほど単純に維持できるものではない。不満が発生したときには、対処法に関する決定が迅速に下されなければならない。長くくすぶっている不満は非常に高くついてしまうものだ。

従業員と統一的な目的を持つことで得られるメリットの好例は、テキサス・インスツルメンツの「人材効率化」プログラムである。このプログラムの歴史は、このような方針に少し方向転換を加えざるを得なくなるような新たな影響が外部からかかった場合でも、素晴らしい経営陣であれば、どのようにしてこのような方針を辛抱強く完成させていくことができるかという良い例となる。初期段階からこのような会社の経営トップは、すべての従業員が各自の成果を向上させるための経営上の意思決定に参加することができるようなシステムを構築すればみんなにとっての利益となるが、従業員側の関心をつなぎとめておくためには参加する人すべてが純粋に自分の貢献による利益を得られなければならないとの考えを強く持っていた。一九五〇年代、半導体生産はおおむね手作業による組み立てであり、従業員には個別に成果を改善するための素晴らしい提案をするチャンスがたくさんあった。公式非公式の会議が開かれ、製造工程の労働者がどのように作業を改善できるかが示された。それと同時に、利益分配制度を実施したり賞や名誉を与えたりすることで参加者は経済的な恩恵を得るだけでなく、会社の一部を担っているとの実感を持つこともできる。次に、これまで手作業だった工程の機械化が起こり始めた。この傾向が強まると、特定の種類の仕事において個人的に貢献するチャンスが減少し、ある程度のことは機械が作業をコントロールすることになった。組織のなかの管理者には、下層の人間が経営的な事柄に参加する余地はもはやなくなってきたと感じ始める者も出てきた。しかし、その経営トップはまったく反対の見方をした。人間の参加がこれまで以上に大きな役割を担うことになると言ったのだ。次に出てくるのは労働者のグループ、あるいはチームとしての努力であり、グループでやらなければならないことを予見し、自らの成果目標を決定することである。

労働者は、①自分たちが単に物事を指図されるだけでなく、本当に意思決定に参加している、②経済的にも名誉的にも報いられて、会社に認められていると感じ始めたため、業績は素晴らしい伸びを見せた。労働者のチームは次々と自分たちの目標を作り、経営陣の期待をはるかに上回る設定をしていった。設定された目標が達成できそうにもないときや、チーム間の争いが激しくなったときには、休憩時間を短縮したり昼食の時間を削って仕事を終わらせようと、労働者自らが（当時にしては）前代未聞のことを提案したり、進んで投票したりした。仕事が遅かったり怠けたりしてグループで設定した目標が達成できなくなる恐れがある人に対しては仲間のグループから圧力がかけられるが、これと比べると従来の経営手法によるトップダウンの規律の効果は非常に小さく見える。またこの結果は、生まれてからずっと民主主義政治が背景にあるアメリカ人労働者に限って見られたことではない。肌の色が違っても、経済的背景が大きく異なる国の出身であっても、だれにとっても同じような効果があり、またお互いの利益になる。この成果目標制度は米国が発祥であるが、フランスや日本といったいわゆる先進国のテキサス・インスツルメンツ工場だけでなく、地元のアジア人従業員の働くシンガポール工場や、圧倒的に黒人従業員が多いキュラソーなどの工場でも同様に素晴らしい結果が出ている。どの国でも、労働者がチームでトップレベルの経営陣に報告を直接上げるだけでなく、自分たちの報告が注目され、成果が認識され評価されるということが分かっている場合、彼らのやる気に与える影響は大きい。

一九七四年の定例株主総会でマーク・シェパード・ジュニア社長が株主の前で挨拶をしたとき、その意味が説明された。彼の話では、人材効率指数という売上高を人件費の合計金額で割った指数が確立されている。この会社最大の製品ラインである半導体は、物価上昇の傾向にある今日の世界において単価が落ち続けている非常に希少な製品であり、その一方で同社の工場における労働賃金は米国においては年率七%、イタリアと日本では二〇%も上昇していることから、人材効率的にはこの指数は低下していくと予想するほうが理にかなっている。しかし、一九六九年にはおよそ二・二五%だったこの指数は、一九七三年末には二・五%まで上昇した。そして彼は、さらなる改善のための具体策を提示すると同時に、それに合わせて利益準備金を積み増すとしたうえで、会社の目標として一九八〇年までにこの指数を三・一%まで引き上げると公言した。この目標が達成されれば、この会社は非常に利益率の高い職場として劇的な変化を遂げることになる。長年にわたりテキサス・インスツルメンツはしばしば野心的な長期目標を公言し、しかもこれまでのところそれを堅実に達成してきている。

投資の視点からすると、保守的な投資の二つめの要素の一面を説明するためにこれまでに挙げてきた「人中心」のプログラムには、極めて重要な類似点がいくつか存在すると言える。高まるニーズに応えるためにモトローラが非凡な才能を選抜・育成するために設立した養成所について、ここでその概要に触れることはごく自然な流れだろう。また環境問題に精通し、そのことを会社の利益へと転換するためにダウ・ケミカルが協力を得るために人々を刺激する方法を見つけた話、あるいはテキサス・インスツルメンツの素晴らしい人材効率化制度についていくつか述べるということも、ここでは同じく自然なことである。しかし、ほかの会社が同じような制度を一から始めようとした場合、単に取締役会に諮り必要な承認を得ればよいとはいかず、より複雑な問題が発生すると考えられる。この手の制度は容易に作り上げることはできるが、それを実行するとなると話は別である。間違いを犯せば高くつく。モトローラの事例のような養成学校で、間違った人材を進級させるようなことがあった場合どのようなことが起こるかを想像するのは難しくない。結果的に失望した最も優秀な研修生が退社してしまうということになりかねない。同様に、ある会社で普通に人材効率化計画に沿って物事を進めようと試みたとしても、労働者に本当の意味で参加意識が生まれるような雰囲気作りに失敗したり、あるいは従業員の努力に対して適切に報いることに失敗したりすれば、結果的に彼らは幻滅してしまうことになる。このように制度の運用を誤ると、本当の意味で会社の経営が傾いてしまうことになりかねない。その一方で、有益な「人中心」の方針や手法をマスターした会社は、そこからさらに利益を得る方法を見つけることが多い。そのような会社の方針や手法は、つまり問題に対するアプローチの仕方や解決法は、ある意味その会社独自のものと言うことができる。このことから、長期的に投資家にとって重要な意味を持つということができるのである。

三．経営陣は、健全な成長のために必要な規律をすすんで守るように専念しなければならない

すでに指摘したことではあるが、この急速に変化する世の中において会社は同じところにとどまることができない。良くなるか悪くなるか、上に向かうか下に落ちるかのどちらかである。投資の観点からして、本当の成長目的は利益を上げることだけでなく、損失を回避することでもある。自分の会社が成長企業であると言わない経営者のいる会社はごく少数である。しかし成長性を重視していると話す経営陣は、必ずしも実際に成長性を重視しているとは言えないこともある。多くの会社には、決算期末に可能なかぎり最大の利益を上げているところを示したいというどうしようもない衝動がある。一セントでも利益として残したいという衝動である。これは、本当の成長性重視の会社であればけっしてできないことである。彼らが重視しな

ければならないのは、今の利益をビジネス拡大のための費用に充てるための収益性である。必要な利益調整後の財務力がついたとき、新製品や新工程の開発、新たな製品ラインの開始、あるいは今手元にあるわずかなお金を将来の大金に変える数多くの方法のうちのどれかを実行する本当に価値あるチャンスが存在するとき、先を見越して投資する価値のある会社は目の前の利益を最大限に活用することを優先していることだろう。そのような行動に含まれるものとして、事業が成長すると同時に必要となる新しい人材の採用・育成から、顧客が何かを非常に欲しがっているときにそれを速達で送るといった、恒常的なブランド忠誠心を顧客のなかに育てるためにお客様の利益を最優先させることまで、さまざまなものが考えられる。保守的な投資家は前述のような行動を見ることで、経営者が単なる見かけだけでなく、本当の意味で長期的な事業利益を積み上げていっているかどうかをテストすることができる。どれだけ知名度が高くても、前述のようなビジネスの規律にリップサービスをするだけの方針しか持たない会社は、投資ファンドにとって幸せな投資の手段となる可能性は低い。それらの規律に従う努力をしている会社であっても、例えば巨額の研究費用を支払いながらも間違った方向へ努力を向けてしまい得るものが少ない会社のように、実行段階で失敗しているところも同じである。

第3章　保守的な投資の要素三――一部のビジネスの投資上の特徴

保守的な株式投資の第一の要素は、会社の現在や将来の収益力に関して最も重要な事業活動において、その会社がどれだけ優秀であるかということであった。第二の要素はその活動を統括している人間と、その人間が作りだす方針の質であった。第三の要素は、と言うと、これらとはかなり異質のものである。そのビジネスの範囲内において、予想可能な将来にわたり平均以上の収益率を実現するような特徴が会社内部にどれだけ備わっているか、あるいは備わっていないかということである。

その特徴を検証する前に、儲けをさらに増やす根拠としてだけでなく、すでに手にしたものを守るという意味でも、平均以上の収益力が投資家にとってなぜそれほど重要なのかという理由について説明したほうがよいだろう。この意味において、成長が不可欠の役割を果たすということはすでに述べたとおりだ。成長にはさまざまな形で費用がかかる。利益として留保される部分以外は、実験や投資、テスト販売、新製品の販売促進活動、その他事業拡大に使われる経費に回され、そのなかには拡大の試みにおいて一定の割合で失敗に回ってしまう避けることのできないまったくのロスも含まれる。さらに大きなコストがかかるのは工場や店舗、設備の増設が必要となる場合である。その一方で、事業が成長するにつれて流通過程を埋めるための在庫の増加も避けることはできない。そして現金のみで商売をしているごく少数の事例を除けば、増加する売掛金残高を処理するための費用も相応に会社から流出していくだろう。以上のことすべてを可能にするためにも、収益力が非常に重要になる。

収益力の問題は物価上昇期においてより重要となる。通常、物価が上昇しているとき、つまり全般的なコストが上昇しているときには、販売価格を上げることでそれに対処することができる。しかし、これは即座に実現できるわけではない。この間に流出する利益は、利益幅の大きい企業は利益幅の小さい企業よりもはるかに少ない。このためコストの高い企業は、この問題に常に直面するのである。

収益力は二つの方法で表される。一つは多くの経営者たちが使う尺度となる基礎的な方法だが、投資した資産に対する収益率である。これは会社が新製品や新しい工程にゴーサインを出すかどうかを決める要因となる。ある計画に投じた資本に対して期待できる収益を別の計画に同じ金額の資産を投じた場合に得られるであろう収益と比較する。この尺度を投資家が使うのは、会社の幹部が使う場合と比べて非常に難しい。投資家が通常目にするものは事業の特定部署で使われる特定の金額の現在価値に対する収益ではなく、総資産に対する割合としての事業全体の総収益率である。資本設備にかかる費用が過去四〇年間と同じ割合で増加した場合、費用の水準がそれぞれの会社で異なっているとすると、複数の企業間の総資本収益率の比較は大きくゆがむこととなり、その数字は誤解を招くものとなる。そのため、次の一点だけを念頭に置いておけば、一ドルの売り上げに対する利益率の比較のほうがより有用であるということになる。つまり、資産に対する売り上げの回転が速い会社のほうが、収益率が高くとも資本回転率の低い会社よりも収益性が高いと言うことができるということだ。例えば、年間売上高が経営資本の三倍ある会社は、収益率が低いかもしれないが、毎年売り上げを一ドル上げるために一ドルの経営資本を投じなければならない企業よりも収入はずっと多いということになる。しかし、収益性の観点からすると投資回収率は売上高利益率と同等に扱われなければならないが、一方で投資安全性の観点からすると強調すべきところは売上高利益率のみということになる。したがって、二つの会社がそれぞれ二％の営業コスト増になりながら価格を上げることができないでいるとすれば、利益率が一％しかない会社であれば赤字となり、恐らく消滅してしまうと考えられる。しかし一方で、一〇％の利益率がある会社であれば、コスト増の分は全利益のわずか五分の一で済むことになる。

　最後にもう一つ、保守的な投資に関するこの要素を正しく把握するために念頭に置いておかなければならないことがある。現在の非常に流動性が高く競争の激しい産業界において平均を十分に上回る利益率を得ること、つまり高い総資産利益率を確保することはとても価値あることであり、ある程度長い期間を見れば、会社がその目標を達成するまでには大勢の競合他社が現れるはずである。潜在的な競争相手が実際にその業界に参入してくれば、既存の会社が現在持っている市場に切り込んでくることになる。通常、潜在的な競争が実際に起こってしまった場合、その後の販売で苦戦を強いられ、結局、それまで確保していた高い利益率が削られてしまうが、結果はほんのわずかな減少から大幅減の場合までさまざまである。高い収益率とは、例えるならば繁盛している会社が所有する蓋の開いたハチミツのビンである。そのハチミツは必然的にたくさんの腹ペコの虫を引きつけ、むさぼり食われてしまう。ビジネスの世界では、ある会社がビンのなかのハチミツを競争という名の虫に食べられてしまうのを防ぐ方法が二つだけある。一つは独占である。これは通常、違法であるが、その独占が特許保護によるものであれば適法となる。いずれにしても独占はかなり唐突に終わるものであり、最も安全なタイプの投資手法とは言えない。ハチミツが虫を避けるためのもう一つの方法は、他社よりもずっと効率的な経営を行い、既存および潜在的な競争相手が現況を覆す行動に出る気力を失わせてしまうことである。

さてここで、相対的な収益力という背景情報的な議論から保守的な投資の三番目の要素の核心へと話題を移していこう。つまり、優良である企業がほぼ無期限に利益率を平均以上に保つことを可能とする具体的特徴についてである。恐らく最も一般的な特徴は、ビジネスマンの間で「スケールメリット」（規模の経済）と呼ばれているものである。スケールメリットの分かりやすい例は次のとおりだ。月に一〇〇万台を生産する経営状態の良いある会社の一台当たりの生産コストは、同じ期間に一〇万台しか生産しない会社よりも低い。この二つの会社の一台当たりコストには一〇倍の開きがあるが、その開きはそれぞれの事業内容によって著しく異なる。ある事業ではほとんど開きがないかもしれない。さらに忘れてならないことは、どの産業においても大企業が最大限のメリットを享受できるのは、経営状態が非常に良いときのみであるということだ。会社は大きくなればなるほど効率的に経営するのが難しくなる。また多く存在する中間管理職や、その結果として生じる決断の遅さ、時には大企業のなかで複雑に分散してしまっているさまざまな部署に経営トップの目が届かず、したがって必要な是正措置を迅速に把握することが一般的にできなくなることなどが原因で発生してしまう非効率によって、本来備わっているはずのスケールメリットが完全に相殺されてしまうか、それ以上の悪い状態になっていることが多い。

一方で、ある会社がその分野で明らかに主導権を握っているとき、取引金額だけでなく収益性の面でも先導している場合であれば、経営陣が高い能力を維持しているかぎりはその地位を明け渡すということがほとんどない。保守的な投資の二番目の要素の検証のなかでも議論したとおり、そのような経営陣であれば常に変化を続ける外部環境に合うように、会社の方針を変えていく能力を持ち合わせているはずである。投資の考え方の一つの流派に、業界の第二位か第三位の企業の株を買え、というものがある。「これらの会社は第一位にのし上がる可能性があるが、トップの会社はすでにその地位に達しており、転落する可能性もあるから」ということだ。最大の会社が明確にリーダー的存在となっていない業界もいくつかある。しかしその場合でも、この考え方に自信を持って賛成することができない。これまでの検証によれば、ウェスティングハウスは長年にわたる試みにもかかわらずゼネラル・エレクトリックを超えられていないし、モンゴメリー・ワードはシアーズを抜けず、IBMがコンピューター市場のなかの独自の分野で早期に優勢な地位を築いて以来、ゼネラル・エレクトリックを含む大企業のいくつかが激しい努力で挑んできたにもかかわらず、IBMの圧倒的な市場シェアを奪うことに成功した者はいない。当時のコンピューター産業における最も収益性に優れた主力企業というIBMの地位を崩すことのできる企業は、小規模な周辺機器の格安メーカーのなかからも現れていない。

そもそも会社がこのスケールメリットを手にするためには、どうしたらよいのだろうか。十分に需要を満たす新製品や新しいサービスを一番に出し、しっかりとしたマーケティングやサービス、製品の改良、そして時には広告も打って既存客を満足させながら、彼らのさらなる購買意欲をかきたてるのが普通のやり方である。これで新しい客はこの業界最大手の企業に目を向けるようになるのだが、それはほとんどの場合、この大手が好業績の評判（健全価値）を確立し、特にその企業を選んでいるからということで商品を購入した人に対して悪い批判が立ちにくくなるからである。ＩＢＭのコンピューター事業に切り込もうとする動きが最高潮に達していた当時、初めてコンピューターを導入する場合、小さな競合他社の製品のほうが、性能が良く値段も安いということを個人的には知っていても、ＩＢＭのほうを勧めていた人は把握しきれないほどたくさんいただろう。このような場合に主流だった考え方は、後に機械が故障をした場合でも業界トップを選んでおけば勧めた自分のせいにされることはないが、評判もよく分からない小さい会社で問題が起きれば明らかに自分のせいにされてしまうという感じだろう。

製薬業界では、本当の意味で価値ある新薬が開発されて、一番に参入する会社は市場の六割を獲得・維持し、よって利益のとりわけ大きな部分を手にする、ということがよく言われる。同じ商品の競争力の高いバージョンを導入する二番手の会社は、恐らく市場の二五％を手にしてまあまあの利益を上げる。その次に参入する三社程度が市場の一〇～一五％を分け合い、残りのわずかな利益を得る。これ以降に参入する企業は通常、惨めな地位に収まってしまう。最近はジェネリックが純正の商標にとって代わる傾向にあり、前述の比率が崩れてしまう可能性については何とも言えない状況だが、いずれにしてもほかの業界に対しても適用できる正確な数式が存在するとは言えない。それでも収益性に関する本質的な強みがどちらの会社に備わっているかを評価しようとするとき、投資家は数式の背景にある考え方を念頭に置いておくべきである。

生産コストを低くすることや、会社の認知度を上げることで新規顧客を引き寄せる力を拡大することだけが、スケールメリットを使って会社の競争力を向上させる方法ではない。キャンベル・スープ・カンパニーのスープ事業部が持っている投資上の強みの背景にある要因をいくつか検証してみると、それが分かる。まず、全米でもずば抜けて大きなスープ缶詰業者であるキャンベルはミドルバック部門を合理化することで総合的なコストを削減することができるが、これは規模の小さな企業ではできない。使用する多くの缶を自社のニーズにちょうど合うように作るといったことが、まさにこの事例である。さらに重要な点は、キャンベルの事業規模が十分に大きいために缶詰工場を全米レベルで戦略的に散らばらせることが可能であり、これによって大きな二重のメリットを享受できるようになったことだ。つまり、生産農家が缶詰工場へ作物を輸送する時間が短縮されると同時に、缶詰工場からスーパーまでの平均輸送時間も短縮されることになる。缶詰スープは価格に対する重量が重く、輸送コストが大きくなる。そのため工場が一つか二つの小規模の缶詰業者が全国レベルで競争しようとしてもデメリットが大きい。もう一つ重要と思われる要因は、キャンベル製品に対する顧客の認知度が高く、スーパーに入ったときに買いたい商品となっているため、小売業者のほうも自動的に店舗内の売れ筋商品の棚に大きなスペースを取って目立つように置いてくれる。対照的に、顧客のほうは知名度の低い会社やまったく知らない競合他社のものについては興味を示さないのが普通である。この売れ筋商品の棚のお陰でスープは売れ、このナンバーワンの会社がトップで居続けるさらなる要因となっており、競争相手として見込みのある会社にとって大きな阻害要素となる。これらの競争相手にとってのもう一つの阻害要素は、キャンベルの広告予算である。出荷高がかなり小さい競争相手と比べて、キャンベルの販売単価当たりの広告費は非常に小さく抑えられる。このような理由からキャンベルは非常に強い企業力を持ち合わせ、収益力を確保することができるようになっていると言える。しかし、全体像を見るために、ここで反対方向にかかる影響力についてもいくつか述べておく必要がある。物価の上昇局面ではキャンベル自身のコストも急増してしまうが、このときほかの食品の平均以上に販売価格を上げることはできない。需要がスープからほかの必需食料品に移ってしまう可能性があるからだ。さらに大きな問題は、キャンベルには大部分の企業が相手にしなくてもよい手ごわい競争相手がいる。生産コストの上昇で販売価格が上昇した場合、この競争相手がキャンベルの市場に大胆に切りこんでくる恐れがある。それは家計と闘い、自宅で自前のスープを作る家庭の主婦である。このような話をした理由は単純だ。スケールメリットを利用して強い競争力を武器に企業経営を改善しても、それが重要であることは確かだが、それだけでは高い収益力の保証とはならないということだ。

収益性や投資上の魅力という点で、ある会社の他社に対する優位性を測るうえでの投資的要素はスケール以外にもたくさんある。もう一つ私たちが特に注目すべき点だと思っていることは、テクノロジー分野という、一つの特定の技術領域だけでなく、二つ以上のかなり異なる領域が相互にかかわり合う分野において非常に高い成功を収め、その地位を確立してしまっている企業と戦うことがどれだけ難しいかということだ。もう少し具体的に説明するために、ある人がコンピューターや機械系の領域に相当な規模で新しい市場を切り開くことが確実視される電子機器製品を開発しているとする。そのいずれの領域にも、その製品に必要なプログラムを複製してハードウェアとソフトウェアの両方に応用することができる能力を持つ専門家を社内に抱える非常に有望な企業はたくさん存在している。その新市場が十分な大きさとなることが分かれば、競争が発生し、この小さな革新的開発者の取り分は小さくなってしまうだろう。このような領域においては、成功している大企業に内在するメリットはさらに大きくなる。この種の製品の多くは、顧客のところまで迅速に出向いて修繕サービスに対応する人材ネットワークがなければ売れるようにはならない。既存の大手企業であれば、通常そのような組織が存在して機能している。小さな若い会社がそこまでのネットワークを構築することができるだけの高い価値を持つ製品を導入することは極めて困難であり、また費用もかかり、大変なことである。しかし若い会社にとってこれよりも大変なことは、そのようなサービスネットワークを用意するだけでなく、将来にわたりそれを維持していくだけの財力があるということを、これから購入しようとしている人に信じてもらうことだ。そのうえ、以上のような状況のためにこれまで新規参入者は素晴らしい製品を持っていても、電子産業のほとんどの分野において主力企業としての真の立場を築くことは困難であったが（築いた会社はいくつか存在しているが）、将来的にこの傾向はさらに強まる可能性が高い。その理由は、製品内部や技術的ノウハウの全体に占める半導体の割合が拡大している製品がさらに増えているからである。このような機器を製造する主力企業は現時点で、数多くの電子機器で構成される新しい製品と競争しようとしてきている会社であれば、少なくともコンピューターや半導体機器の古い主力メーカーと同じだけの知識を社内に蓄積しているのである。まさに、その事例が携帯型の計算機という画期的な成長分野で劇的な成功を収めたテキサス・インスツルメンツであり、またその分野で困難を味わった初期の先駆者たちである。

しかし製品を生産するときに、単に電子ハードウェアやソフトウェアを基本とする技術だけでなく、例えば原子核工学や非常に専門的な化学分野のような極めて異質な技術を組み合わせるような技術を必要とする場合、そのバランスがどれだけ変化するのかということも知っておいていただきたい。大手電子機器メーカーは、そのような複数分野にまたがる技術に入り込むスキルを持った人材を社内に確保していない。これは最高の革新者にとって、独自の製品ラインを先導的な立場に押し上げて、自分たちの取り分を大きくする絶好のチャンスであり、その傾向は経営者の管理能力が衰弱しないかぎりずっと続くものである。このような複数分野にまたがるテクノロジー関連企業は、そのすべてが電子工学を重要な要素としているわけではないが、本当の意味での長期投資家にとって結果的に最高のチャンスを生みだす。将来的には、そのようなチャンスがさらに増える可能性が高いと私は考えている。よって私は、ほかの技術のなかから生物学と組み合わせたものを使った製品や製造工程を通して将来の新たな主力企業が誕生するのではないかと思っているが、今のところ私の目には、この分野から投資に適した企業は見つかっていない。ただまったく存在していないとも言い切れない。

特異な環境が持続的に高い利益率を実現する可能性のある企業活動の要素は、技術開発やスケールメリットだけではない。場合によっては、マーケティングや販売といった分野においても、そのようなことは起こる。例えば、顧客が自社の製品を選んで、自動的に再注文するような仕組みを作ってしまった企業がある場合、競合他社がその企業と入れ替わろうとする努力自体がむしろ非経済的になってしまう。このようなことが起こるためには二つの条件が必要となる。一つは、その会社が製品について、①消費者が自身の適切な活動を行うために非常に重要なものであると認識している、②品質の劣るほかの製品や不具合のある製品は深刻な問題を引き起こす、③競争があったとしても市場のなかのごく小さな部分でしかなく、よって一般大衆は優位にある会社の名前が供給源そのものとほぼ同義語に近い認識を持っている、④製品にかかるお金は消費者の全生活費のごくわずかな部分しか占めていないといったような、品質と信頼性に関する評判を形成させなければならない——ということである。結果的に無名の販売業者にとっては、ある程度の値引きをしたとしても、そのリスクと比べて得られるものが小さなものにすぎない。しかしこれだけでは、そのような幸運な位置につくことのできた会社であっても、長年にわたり平均以上の利益率を享受できるようになるのに十分ではない。二つめの条件がある。それは、少数の大口顧客ではなく、数多くの小さな顧客に対して売れる製品を持っていなければならないということだ。小さな顧客は属性が細かく分かれており、未来の競合他社が雑誌やテレビといった広告媒体を使っても、その力が行き届くとは考えづらいのである。彼らが構成する市場とは、市場を支配する会社が自社製品の品質やサービスの適性を維持しているかぎり、それを崩すためには熟知した営業マンが個別に電話をするよりほかはないのである。しかし個々の消費者の注文数は少なく、そのような販売努力をしてもまったく割に合わない！　以上のような強みをすべて持ち合わせている会社ならば、大きな技術変革で逆転されないかぎり（あるいは前述のように、自社の効率性にずれが生じないかぎり）、その会社は販売活動をしているだけでほぼ永続的に平均以上の利益率を維持することができる。このタイプの会社は、割と高い技術を駆使したものを販売する分野で見つかることが最も多い。その特徴の一つは、技術セミナーを頻繁に開催して自社製品がどのように使われているかを説明することで、トップ企業のイメージを維持する。このようなマーケティングツールはこの位置を築いた会社にとって非常に効果的とされている。

注意すべき点は、「平均以上の」利益率や「普通以上の」投資回収率は、多くの場合、その会社の株式が投資上、大きな魅力となるような十分条件ではないということだ。むしろそうあってはならない。実際に利益や投資回収率が良すぎれば危険の源となることがある。やがてあらゆる企業にとって無視できないほど魅力的なものに映るようになれば、その素晴らしいハチミツのつぼの中身を狙って争い始める。反対に、二番手の競争相手よりも利益率が常にほんの二～三％上回る程度の会社であれば、かなり確実な投資先となる。

ここで本当の意味で保守的な投資の要素三についてまとめておく。本書の要素二で議論したような良質の人材をそろえるだけでなく、特定の事業に関して長期的に平均以上の収益力をもたらす経済的な力が内在的に成り立つように会社を導くような人材（あるいはその先導者）をそろえる必要がある。要するに、この三番目の要素に関する疑問を一言で言うと、「その会社は、他社にまねできない何ができるだろうか」である。その答えがほぼゼロであれば、事業が繁盛するにつれて他社も同等にその会社の儲けの分け前を取りに集まってきてしまう。結局、その会社の株価は割安かもしれないが、その投資は要素三に照らし合わせば、不合格ということになる。

第4章　保守的な投資の要素四――保守的な投資の代償

四番目の要素として保守的な株式投資のすべてに言えることは、PER（株価収益率）である。つまり、現在の株価を一株当たりの純利益で割った数字だ。ある銘柄のPERが適正な水準であるかどうかを評価しようとすると、問題が生じる。物事を熟知した多くのプロも含め、株価を大きく上下させる要因を明確に理解していないために、この点がよく分かっていない投資家は多い。投資家はこれを誤解しているために何十億ドルもの損失を出してしまうのであり、その株式をけっして買ってはならない価格で購入してしまったということに、あとになってから気づくのである。そして、彼らはどう考えても保有し続けていれば、長期投資としては極めて大きな利益となるはずの株式を、間違ったタイミングと間違った理由で売ってしまう。そのために、損する金額はさらに大きくなってしまう。これらを繰り返ししたために、本来力のあるはずの会社の資金調達力を著しく弱めてしまい、つまり全員が貧乏になってしまうということになり兼ねない。ある特定の銘柄が暴落するたびに、大きな打撃を受けたことについて自分自身の間違いや自身の投資顧問のせいにするのではなく、システムのせいにする投資家が必ずどこかにいる。結局、どのような種類の株であっても、自分の資金を運用するには適さないと決めてしまうのだ。

その一方で、正しい銘柄を相当に長い期間持ち続けて、しっかりと儲けを出しているような投資家もたくさんいる。彼らが成功している理由は、投資の基本のルールを理解しているからかもしれない。あるいは、単なる幸運かもしれない。しかし彼らの成功に共通の特徴は、株価が急上昇したためPERが投資業界で常識とされている水準と比べて割高になったという単純な理由だけで質の高い銘柄を売るようなことを避けてきたことである。

これは大変重要な点であり、表面的なことを掘り下げて株価急騰の正確な原因を見極めようとする人が非常に少ないということは本当に特筆すべき点である。ところが、これを支配する法則はかなり単純に説明できる。株価が市場全体と比べて大きく動く原因はすべて、金融界によるその株式の評価に変化があったからである。

実際にこれがどのようにして起こるかを見てみる。二年前、G社は極めて普通の評価を受けていた。一株当たりの収益は一ドルで、株価はその一〇倍、つまり一〇ドルで取引されていた。この二年間、多くの同業他社の収益は下げ基調だった。その一方、G社は数々の素晴らしい新製品を発売すると同時に従来の製品についても利益率を伸ばし、昨年の一株利益は一・四〇ドル、今年は一・八二ドルとなり、今後数年間の収益力はさらに伸びることが確実視されるようになった。明らかに、最近のG社と同業他社の業績に大きな差を生じさせた社内活動は二年前に始まったことではなく、相当前から続けられてきたことである。これがなければ営業コストの節約や素晴らしい新製品は生まれない。しかし、最初の三つの要素の議論で取り上げた要件にG社が非常によく適合していると遅ればせながら認識された（つまり評価された）今となって、PERが二二倍まで上がることとなった。同様に平均以上の事業性を持ち、これに匹敵する成長性の見通しがあるほかの会社の株式と比較した場合、この二二倍というPERはまったく高くはない。一・八二ドルの二二倍は四〇ドルで、この株式は実質的に二年間で四〇〇％になったと言える。これと同じく重要なことは、G社のような記録はこの先何年にもわたり継続的に成長を実現させることのできる経営陣が現在機能しているということを示しているということである。このような成長を記録していれば、例えば今後一〇～二〇年の間に一五％程度の控えめな平均成長率であったとしても、そのころには利益率数百％どころか数千％を簡単に達成していることも考えられる。

ここでは「評価」というものが、PERという一見不可解な数字を理解するための鍵となる。評価というものがあくまでも主観的なものであるということは、けっして忘れてはならない。それは私たちの周りの現実世界で起こっていることとは、必ずしも関連性がないかもしれない。それどころか、評価をする者が起こっていると信じていることから生じるものであり、その判断が現実からどれだけ離れていようと、それは関係ない。つまり個別の株価はいずれも、その会社に実際に起こっていることや、これから起ころうとしていることが原因である特定のタイミングに応じて上下するものではないということだ。それは今起こっていることや、これから起ころうとしていることに関して、本当に起こっていることや将来起こることとのズレには関係なく、金融界が持っている現在の統一見解に応じて上下するのである。

この段階で多くの人は何を信じたらよいか分からず、あきらめてしまうのが普通だろう。個別株に生じる大きな株価変動の原因が金融界による評価の変化にのみよるものであり、その評価自体も会社業務にかかわる現実世界で起こっていることと完全に食い違っているとすれば、先の三つの要素はどのような意味を持っているのだろうか。企業経営や科学技術、会計といった専門知識をわざわざ気にする必要があるのだろうか。ただ心理学だけをやればよいのではないだろうか。

その答えにはタイミングというものがかかわってくる。金融界の評価は現実と食い違っているため、株式はかなり長い期間にわたり本質的な価値よりも著しく高く、あるいは著しく安く取引されることがある。さらに金融界のあちこちで見られる慣例として、「提灯をつける」という諺があるとおり、先導者がニューヨーク市に本社を置く大手銀行である場合はその傾向が特に顕著である。そのため非現実的な評価が下されているためにすでに事実に裏づけされた常識を大きく超えた価格で株式が取引されていても、その株価は長い間その常識を超えた高い状態にとどまることもあるのだ。実際には、この高すぎる株価からさらに上昇することさえある。

ある株式に対する金融界の評価と、それに影響を与えている本当の意味での状況の間の大きなズレは、数年続くこともある。しかし、バブルは弾けるのが常である。時にはそれが数カ月しかたっていないのに起こることもある。ある株式が非現実的な期待感から高値で取引されている場合、いずれは待ちくたびれてしまう株主が増えていく。彼らの売りが、残された古い評価をいまだに信じる数少ない買い手の購買力を食いつぶしてしまう。すると、株価は暴落する。あとから出された新たな評価が非常に現実的であることもある。しかし、この評価は株価が下落するなかでの心理的圧力の下で再検証されるため、マイナス要素が強調されすぎて結果的に新たな金融界の評価は事実よりもずっと悪いものとなり、しかもそれがかなり長い間残ることもある。しかしこのようなことが起こるということは、評価が良すぎる場合にも同じことが起こるということである。唯一の違いは、その過程が逆となる点である。現在のイメージがより良いイメージに取って代わるまでには数カ月から数年かかるかもしれない。それでも好業績が積み重なっていけば、いずれ実現することである。

株価が上昇し始めたときに売らなかった幸運な株主はその後、株式市場につきまとうリスクに関して最大の見返りとなる素晴らしい恩恵を受けることになる。そのこととは劇的な株価の上昇であり、それは一株当たりの収益力の堅調な回復と同時に、ＰＥＲの急速な拡大につながっていく。金融界がこの会社のファンダメンタルについて、古いイメージがあったときよりも投資価値が高くなっている（新しいイメージ）ということが正しいと発見すると、結果として現れるＰＥＲの拡大というものが、同時に起こる一株利益の実質的な拡大よりも株価の上昇にとってより重要な要素となることが多い。これこそがまさに前出のＧ社に起こったことだ。

ここからは、保守の程度について考えを検討していきたいと思う。つまり、あらゆる種類の投資における基本的なリスクの度合いについてである。リスクの物差しの最も低い場所にある賢い投資に最適な会社とは、保守的な投資の最初の三つの要素に関して高い点数を出しながらも、現時点では金融界で価値が高いと評価されておらず、結果としてファンダメンタルが示すよりも割安なＰＥＲを示している会社である。次に通常リスクが低く賢い投資先としては比較的良いとされる会社は、最初の三つの要素で比較的高い点数を出し、ファンダメンタルとほぼ合致するイメージとＰＥＲを示している会社である。その理由は、そのような属性を本当に持つ会社であれば、成長し続けるからである。次に、リスクが低く、その株式を現在保有しているものの、新たな資金を投じて新規に購入することは考えていない保守的な投資家が保有するのに適している会社とは、最初の三つの要素については良い点数を出していながらも、金融界で伝説の域に達しているために強い実際のファンダメンタルよりもさらに評価され、高いＰＥＲを示している会社である。

私個人の意見としては、株価が高くなっているにもかかわらず、そのような株式を保有すべきとする大きな理由がある。ファンダメンタルが本当に強い場合、その会社はいずれ株価だけでなく、それよりもかなり高い株価を証明するように収益力を拡大していく。一方、最初の三つの要素に関して本当に魅力的な会社の数は少ない。過小評価されている会社はなかなか見つからないのだ。平均的な投資家にとって、本当の企業価値が現在の株価水準に追いつくまでの間、まったく健全ではあるものの、現在の過大評価された状況に一時的にとどまってしまうリスクよりも、間違って最初の三つの要素すべてを満たしていそうでも実際には満たしていない銘柄に乗り換えてしまうリスクのほうが高い。この点に限って私の意見に同意してくれる投資家は、このような一時的に過大評価された株式の市場価値がときどき急落してしまう状況にも動じないはずだ。一方で、私が見るかぎり、そのような株式を売り、状況が改善してから買い直そうとタイミングを計っている人は実際にはめったにそれができない。彼らは通常見られる下げよりも大きな下げが来るのを待っている。その結果、数年後にこのファンダメンタル的に強い株式が、売った時点と比べてかなりの高値に達し、彼らは株価のそうした動きをすべて逃してしまい、利益を取り損ねるという状況に陥ってしまうのだ。

とるリスクを上げていくと、次に最初の三つの要素に関しては平均的か、ほかよりも質が落ちるものの、それほど魅力的なファンダメンタルを持っていない株式よりも金融界では低い評価を得ているか、それとほぼ同等の評価を受けているという株式に出合う。普通の条件よりも低い評価を得ている株式は投機的には良いかもしれないが、慎重な投資家にとっては適切な株式とは言えない。現代のような急速に動くマーケットでは、そのような株式に深刻な影響を与える経済危機が起こる可能性のほうがずっと大きい。

それから企業の実情をはるかに越える評価を金融界から与えられている、すべてのなかではるかに危険度の高い会社が含まれるグループがある。そのような株式を買うということはうんざりするほどの損失の原因となることを意味し、投資家が一斉に株から手を引き、投資界を根底から震撼させてしまう脅威となることが起こりかねない。一時金融界で常識とされていた一世を風靡した会社に関する評価と、その後のファンダメンタルの状況を比較して一つずつケーススタディをしようと思った場合、ビジネスライブラリーや大手金融機関のファイルをあされば十分な資料を見つけることができるだろう。証券会社のリポートで買い推奨されている株式の説明の一部を見て、その後に同様の資料のなかで今後起こると予想されている見通しを比較してみると、恐ろしい状況が分かる。その断片的なリストのなかには次のような記載があると思われる。メモレックス上値一七三・八七五ドル（当時は分数表示だったが、分かりやすくするために小数点表示にした。以下、同様）、アンペックス上値四九・八七五ドル、レビッツ・ファーニチャー上値六〇・五ドル、モホーク・データ・サイエンシス上値一一一ドル、リットン・インダストリーズ上値一〇一・七五ドル、カルバー上値一七六・五ドルといった具合だ。

このようなリストはたくさん存在すると考えられる。これ以上例を挙げたところで同じことの繰り返しになるのでやめておく。ある会社についての金融界の現行の評価とその会社のファンダメンタルとの間に存在するギャップを評価する癖をつけておくことは非常に重要であることは、すでに十分理解してもらったと思う。ここでは、金融界のこのような評価の特徴についてさらに解説しておく。その前に、誤解されるリスクを避けるために、株価の主要な変化のすべてを支配する法則について本書で述べてきた二つの言葉について定義をし、その意味について混乱がないようにしておいたほうがよいだろう。あらゆる個別株の大きな価格変動はすべて、マーケット全体との比較において金融界によるその株式の評価が変化することが原因で起こる。

この「大きな価格変動」という言葉は、単なる「価格変動」とは異なる意味で使われている。ここでは、例えば残された遺産のある株式二万株を、気の利かないブローカーが市場で手っ取り早くそれを売却し、その結果として株価が一〜二ポイント下落し、その清算が終了したあとに、通常に株価が回復するときに起こるような小さな価格変動は除外される。同様に、ある機関投資家がときどき情勢の変化に対応してある株式を最小単位だけ買っておこうと決断したようなときにも起こる。その結果、株価が一時的に小さく上がり、そのような買いの動きが収まったあとに元に戻るといったことがよく起こる。このような動きには金融界全体による同社の評価に本当の変更がなく、株価に重要かつ長期的な影響をまったく及ぼさない。通常、そのような小さな株価の変化は、特殊な買いや売りが終了すれば消滅してしまう。

この「金融界」という言葉には、特定の株式をある程度の価格で売買する力のある者、あるいはそれに十分な関心を示している者すべてを含んでおり、株価への影響力という意味で、売買を行うかもしれないその当事者の重要性は行使するポジションに内在する売買の力の大きさによって偏りが出てくるということを念頭に置かなければならない。

第5章　保守的な投資の要素四についての補足

　ここまでで私たちが議論してきたある株式についての金融界による評価の話は、評価自体その特定の株式の通常の評価の仕方となんら変わらないのではないかという印象を与えてしまったかもしれない。そう考えるのは単純化しすぎである。実際には、常に次の別々の評価を組み合わせて行った結果得られるものである。つまり株式全体、その特定の会社が属している業種、そしてその会社自体の魅力についての金融界による現在の評価である。

　まず産業の評価に関する問題について検討してみよう。長期的に見ると、ある産業が巨大市場の現れる初期段階に金融界が資金を投じるために、その後、新技術による脅威を受けるようになる時代へと移行していく過程で、ＰＥＲ（株価収益率）が大きく下落するということはだれでも知っていることである。したがって電子産業の黎明期には、当時のあらゆる電子機器の基本構成要素だった真空管を作る会社は、非常に高いＰＥＲで取引されていた。その後、半導体の開発によって真空管市場が徐々に縮小していくと、ＰＥＲは劇的に縮小した。同じ理由で磁気記憶装置メーカーが同じ運命をたどり、苦しい状況に置かれたのは記憶に新しい。以上はすべて明確なことであり、よく理解されていることだ。それほど明確ではなく比較的理解が不足していることは、金融界のステータスにおける、ある産業のイメージがどのように浮き沈みするかということである。これは前述のような強い影響力が存在するためではなく、金融界が特定の時期にその産業の背景にある影響力の一部だけを取り上げて強調するために起こる。実際には背景にある条件のどれでもしばらくは比較的強い影響力を発揮する可能性があり、どれもある程度の将来にわたりあらゆる面で継続していく兆候を示している可能性はある。

この事例として、化学産業が当てはまるかもしれない。世界大恐慌のどん底から一九五〇年代の中ごろまで米国の大手化学メーカー株は、ほかのほとんどの株式と比べても非常に高いＰＥＲで取引されていた。これらの会社に対する金融界のイメージは、漫画に描かれた終わりのないベルトコンベアのようなものだっただろう。コンベアの一方では科学者が試験管でまったく新しい化合物を作り出している。この素材は神秘的でまねすることのできない工場を通って想像もつかないような新製品としてもう一方から出てくる。ナイロンやＤＤＴ、合成ゴム、速乾塗料など延々と新素材が生み出され、これらの素材を生産する幸運なメーカーにとって永久に富を増やし続ける源となることは必至だと思われていた。しかし、一九六〇年代に入るとそのイメージは一転する。投資界にとって化学産業はどこでも似たような鋼鉄やセメントや紙を作り、技術仕様に基づいてコモディティをバルク売りしているにすぎない状況となり、ジョーンズの化学薬品はスミスの製品とほぼ変わらない状態となった。資本集約的な産業は固定資産に対する巨額の投資を償却するために、高い効率で操業しなければならないという大きな圧力を受けているのが普通だ。その結果として価格競争が激しくなり、また利益率も小さくなってしまうことが多い。このようにイメージが変わり、例えば、一九七二年までの一〇年間を見ても全体の水準と比べて大手化学メーカーのＰＥＲは著しく低下した。多くの産業よりはまだ大きく上回ってはいるものの、化学関連のＰＥＲは製鉄や製紙、セメントといった産業のＰＥＲとかなり近くなってきている。

さてこれまでの話で重要な点は、一つの例外を除いて、一九六〇年代とそれ以前の三〇年間と比べて、この産業のファンダメンタル的な背景にはほとんど違いがなかったという点である。実際のところ一九六〇年代後半に入ると、大部分の合成繊維製品の製造のような特定の分野で深刻な供給過剰が生じた。これは、特にデュポンのような主力の化学メーカーの一角にとって一時的に大きな収益を圧迫する要因となった。しかし、この産業の基本的な性質は変わっておらず、金融界におけるこの産業の地位の劇的な変化についていくことができなかったのだ。化学製造業は常に資本集約的だった。ほとんどの製品は技術的な仕様に基づいて販売されてきたことから、ジョーンズ社が自社製品の価格をスミス社よりも高い水準に設定できるような状況にはならなかった。その一方、一九六〇年代から一九七〇年代にかけては、新しい殺虫剤や大幅に改良された殺虫剤、梱包材、繊維、医薬品をはじめとする数多くの製品が出てきたように、この産業は無限に拡大する市場だったのである。分子を組み替え、従来の天然素材よりも人間の要求により高度に適合し、より安く提供できる特別な性質を持った自然にはない製品を作り出すチャンスが無制限にあるかのように思われた。

結局、化学関連株に対して高い評価が下されていた昔の時代と、低い評価が下された最近の時代のどちらにおいても、ほとんど変わらず存在している別の要因がある。数量勝負の古い化学製品はある意味、例えば塩や炭化水素のような、特注の素材を加工するための「第一ステップ」のものであり、主に仕様と価格競争に基づいて販売されるのを避けられない。しかし、抜け目のない会社であれば、これらの「第一ステップ」製品を使ってより複雑で値段の高い製品を作り出すチャンスはいつもあり、また継続してこのチャンスはあり続けた。これらの素材は、少なくともしばらくの間は独自の製品として販売され、結果的に競争の少ない状況が確保できる。やがてこの製品が価格競争に巻き込まれてきたら、その抜け目のない会社であればより新しい素材をすでに発見し、自社の製品ラインの高収益製品の一つとして加えているだろう。

言い換えると、化学メーカー株が市場で人気を博している間の金融界の頭の中には、これらの化学メーカーがその地位を失ったあとでも、あらゆる好条件がまだ存続しているということだ。しかし、一九六〇年代の最前線においては悪条件も存在し始めており、その初期段階においてはあまり注目されることはなかった。変化したのは事実ではなく、注目点だったのだ。

それでも、事実も変化する可能性はある。一九七三年の半ば以降、化学関連株は再び金融界の人気を回復し始めた。その理由は、この産業に新たな見通しが出始めたからだった。主な工業国が現代になって初めて（大きな戦争の間は除く）経験している希少性に悩まされる経済においては、製造能力は徐々にしか拡大できない。よって、激しい価格競争が再び起こるまでには何年もかかると考えられる。このイメージから化学関連株を買う投資家にとってまったく新しい状況が生まれることとなる。そこで投資家にとっての問題は、背景にある事実によってこの新しいイメージが実現されるかどうか、そしてもし実現するならば、市場全体と比べて化学関連株が新たな状況によって保証されている分以上にすでに上昇してしまっているか、あるいはまだそこまで上昇していないかの判断ということになる。

最近の金融界の歴史を見ると、産業自体はほとんどまったく変わっていないのにその産業の背景に関する金融界の評価が劇的に変わってしまったために、ＰＥＲが非常に大きく変わった事例がこのほかにも数え切れないほどある。一九六九年、コンピューター周辺機器関連株は市場の大人気銘柄だった。これらの会社はコンピューターのＣＰＵ（中央演算処理装置）やメーンフレームに付け加えてユーザーの利便性を高めるためのあらゆる特殊機器を製造していた。高速プリンターや増設用メモリユニット、キーボードデバイスなど、コンピューターへのデータ入力のときにキーパンチャーが必要でなくなるような主な製品がこのグループに分類される。当時、これらの企業にはほぼ無限の未来が待っているとのイメージが優勢だった。中心となるコンピューター自体はおおむね強力で知名度のある数社の企業によって開発され、市場も独占されていたが、小規模の独立系企業はこれらの周辺機器の分野において大企業の間に切り込んでいくことができた。現在の金融界には、通常販売ではなくリース製品を扱う中小企業についての新しい認識と、自社製品に取りつけられる周辺機器の市場での争いに対する大手コンピューターメーンフレームメーカーの決定についての新しい認識が存在する。ファンダメンタルに変化はあったのだろうか。あるいは、ファンダメンタルの評価に変化があったのだろうか。

評価の変化に関する極端な例は、一九六九年と一九七二年のフランチャイズビジネスのファンダメンタルとフランチャイズ関連銘柄に対する金融界の見方の変化である。このときもコンピューター周辺機器銘柄と同様に、この産業にはすべての問題が存在していたものの株式は当時の高いPERになるまで買われ、その会社が一時的に好調だったにすぎないにもかかわらず、絶えず成長を続けていくとのイメージが優勢だったために、それらの問題が見落とされていたのである。

この産業のイメージに関する話では、投資家の問題はいつも同じである。現在優勢となっている評価は、基本的な経済的事実による裏づけよりも良いものであるか、悪いものであるか、あるいはほぼ妥当なものであるか、である。時にこの問題は、最も熟練した投資家にとってさえ重大なものとなる。一つの例が一九五八年一二月に起こった。伝統的に保守的な投資銀行とされていたスミス・バーニーが先駆的な一歩を踏み出し、現在ではまったく当たり前であるが、当時は極めて異例と思われたことを行った。ニールセンの株式公開を行ったのである。ニールセンには工場もなければ有形の製品もなく、したがって在庫もなかった。その代わりこの会社は「サービス」を行い、市場調査した情報を顧客に提供することで報酬を受け取っていた。一九五八年当時、銀行や保険会社は確かに保守的な投資先に値する産業として長い間市場の評価を受けていた。しかし、これらの産業はほぼ比較にならない。銀行や保険会社の帳簿価額は現金や流動資産への投資、受取勘定であることから、金融市場に登場するサービス業という新たなジャンルの会社と比べれば、銀行株や保険株を買っている投資家にとってはずっと信頼できる立派な価値が存在するように思われた。しかしニールセンを調査した結果、並外れて良好なファンダメンタルであることが分かった。誠実で有能な経営陣がそろっており、独自の強い競争力を持ち、今後も長年にわたり成長をしていくための良い見通しがあった。それでもこのような未知の産業の出現に対して金融界がどのような反応を示すかということを実際に見るまでは、買うことを躊躇するのもある程度仕方のないことだったと思う。このような会社の投資価値について現実的な評価が下され、使い慣れた価値評価の物差しが機能しないことから生じる恐怖が取り除かれるまでは、何年もかかったことだろう。ニールセンのようにＰＥＲが非常に高い評価を受けている状態が長年続いているのは、今日においてはとてもバカげていると思われるかもしれない。しかし、当時のファンダメンタルでリスクをとる決意をしてその株式を購入した人は、崖から飛び降りて空気が自分の体を支えてくれるかどうか確かめようとしているような感覚を経験したことだろう。それほどまでにサービス業の会社という概念は、従来から慣れ親しんだ概念とは対照的なものだった。実際にそれから数年後に振り子は異なる方向へと振れた。ニールセンはどんどん利益を伸ばし、ウォール街では新たな概念が生まれた。ファンダメンタルは大きく異なるものの、製品ではなくサービスを扱う多くの会社が金融界のイメージとして魅力的なサービス産業の一部としてひとまとめにされたのだ。なかには実際よりも高いPERで取引されるものも出てきた。そして、いつものようにやがてファンダメンタルが優勢となり、違う会社をひとまとめにして形成された間違ったイメージは消滅していった。

この点はいくら強調しても足りない部分だ。保守的な投資家は、自身が興味を持っているあらゆる産業について現在の金融界の判断の性質について認識していなければならない。投資家は常に、その判断がファンダメンタルの裏づけから大きくかけ離れていないかを検証するべきである。この点を適切に判定することによってのみ、その産業に属する株式の市場価格の長期的な傾向を支配する三つの変動要因について投資家が確信できていると言うことができる。

第6章　保守的な投資の要素四についての補足その二

ＰＥＲ（株価収益率）に関する要素として、会社自体の特徴について金融界が下す投資判断は、その会社が属する業種の判断よりもより重要性が高い。個別の会社について、投資に関して最も望ましい特性は、保守的な投資の最初の三つの要素として本書で定義してきた。一般的にある特定の株式に対する金融界の投資判断に関して、これらの特性に対するアプローチが細かくなるにつれてＰＥＲは高くなるようになる。この基準を下回る場合、その度合いに合わせてＰＥＲは下がっていく傾向にある。投資家が最善を尽くしたところでできることは、良くも悪くも特定の会社についての現実と金融界で現在持たれているその会社のイメージとの間のギャップの大きさによって、簡単に割高になったり割安になったりしてしまう株式がどれであるかを判断することだけである。

二つ以上の銘柄の相対的な魅力を決定しようとするとき、投資家はその問題に対してあまりにも安直に数学的アプローチを取ろうとするために、自ら混乱を招くことが多い。例として、二社を比較しているとしよう。じっくり調べた結果、どちらも利益が年率一〇％で伸びていきそうだと言う。一方が利益の一〇倍の株価で取引され、もう一方が二〇倍であった場合、利益の一〇倍で取引されている株式のほうが割安に見える。そうかもしれないし、そうでないかもしれない。こう結論づけることができる理由はたくさんある。割安に見える会社には、もしかしたら未払金があり（利払いや優先配当など、株の所有者の支払いが発生する前に確保しなければならないお金）、ＰＥＲが低いほうの会社のほうが予測された成長率が継続しない危険性が高い可能性もある。同様に、完全に事業上の理由から、どちらの銘柄についてもその成長率が最善の予測であるにもかかわらず、どちらか一方の銘柄に関してその予測が覆される可能性もある。

もう一つ、間違った結論に至らしめる、より重要でありながらあまり理解されていない点がある。それは成長の可能性を同等に示しているように見えるＰＥＲの単純比較に依存しすぎることである。これを説明するために、今後四年間で利益が二倍となる見通しが同等にあり、いずれの株価も利益の二〇倍で取引されている二つの銘柄があると仮定する。同じ市場で、成長の見込みがないということ以外はすべて同じように健全であるほかの会社は、株価の一〇倍で取引されている。四年後、市場全体のＰＥＲに変化はなく、つまり全般的に健全ながらも成長見込みのない会社の株価は利益の一〇倍のままであるとする。また四年たったこの同じ時点で、先ほどの二つの銘柄の一方は四年前とほぼ同じようにその後も成長していくとの見通しがあり、金融界の判断としては、この銘柄はその先の四年間でも利益がさらに二倍になるはずであるとされているとする。つまり、この銘柄はそれまで四年間で二倍になった利益の二〇倍の株価でいまだに取引されているということになる。言い換えると、その期間で株価も二倍になったというこことになる。対照的に、ここで挙げている事例がスタートしてから四年が経過した同じ時期に、もう一つの銘柄もまさに期待されたとおり利益を二倍にしたが、これから先の四年間では健全ながら利益が横ばいになると金融界が判断しているとする。こうなるとこの二つめの銘柄の株主は、それまで予想どおりに四年間で利益を二倍にしたのに市場の失望に遭遇してしまう。「これから四年間で利益が増えない」というイメージから、この二つめの銘柄のＰＥＲはわずか一〇倍となってしまう。よって、利益が二倍になったものの株価が変わらない状態となってしまったのだ。以上のことはすべて基本的投資原則として、次のようにまとめることができる。つまり、将来の利益の成長が長く続けば続くほど、投資家が買うときのＰＥＲは高くなる、ということだ。

しかし、この原則はとても慎重に適用しなければならない。けっして忘れてならないことは、ＰＥＲの実際の変動は現実に起こることに起因するのではなく、現在の金融界がそうなるだろうと信じていることに起因するということだ。市場全体に楽観ムードが漂うときの株式は、金融界がこれから先何年間も高い成長を正確に予測しているため、極めて高いＰＥＲで取引される可能性が高い。しかし、この成長が完全に実現するまでには何年もの月日の経過が必要となる。PERのなかに正しく織り込まれた高い成長はしばらくの間巻き戻されることが多い。特に、優良企業にとってさえ珍しくはない一時的な後退があった場合は、このようなことが起きてしまう。市場全体が悲観的になっているときは、最高の投資先であっても、なかにはこのような「巻き戻し」が極端な水準にまで進んでしまう場合もあり得る。このとき、現在の市場のイメージと事実との間の区別をすることができる辛抱強い投資家には、株から見事な長期的利益を比較的小さなリスクで手にすることができる最高に魅力的なチャンスが何度か訪れる。

一九七四年三月一三日、優秀な投資家たちがある会社に対する投資業界の判断の変化を予測しようと試みた事例が起こった。前日のNYSE（ニューヨーク証券取引所）でモトローラの終値は四八・六二五ドル（当時のNYSEでは、株式には八分の一刻みで値が付けられていた）だった。三月一三日の終値は六〇ドル。二五％近い上昇！　何が起こったかというと、一二日の取引終了後、モトローラはテレビ事業から撤退して米国内のテレビ工場と在庫を日本の大手メーカーの松下電器（現パナソニック株式会社）へほぼ簿価で売却すると発表したのである。

それまでモトローラのテレビ事業はわずかな赤字で推移しており、会社のほかの事業部の利益を食いつぶしていた。今回のニュース自体、株価をいくぶんか上昇させる材料となっただろう。しかし、実際の上昇はそれをはるかに超えていた。この買いの背景には、主要な動機として著しく複雑な論理が存在していた。多くの投資家は、モトローラという会社に、黒字事業部の通信部門のお陰で本当の意味で高レベルの投資ステータスが与えられ、米国の少ない電子機器メーカーのなかの一社になっていると信じていた。例えばスペンサー・トラスク社では、証券アナリストのオーティス・ブラッドリーがモトローラの通信部門へ投資をするメリットを極めて詳細に論じた報告書を発行している。この報告書では、現在と未来のPERの計算に関して異例のアプローチが採られ、モトローラの会社全体の利益に対する株価ではなく、この一事業部門だけの利益に対してそれが算出されていた。この報告書では、このたった一つの事業部門の予想売上高と予想PERを、投資的観点から一般的に非常に優れた電子機器メーカーとされていたヒューレット・パッカードやパーキンエルマーの数字と比較していた。この報告書によると、モトローラの通信部門はそれだけでモトローラ株の時価総額に値するほど投資品質が高く、事実上この株式を購入した人はほかの事業部門をタダで手に入れていたということになる。

このようなモトローラに関する非常に高いレベルの話を受けて、松下電器のニュースに対して前述のような強い買い意欲が出てきた理由をどう説明できるだろうか。モトローラのファンたちは、そのテレビ製造のイメージから金融界ではこの銘柄が不評であるということを以前から知っていた。金融界の多くの人は、「モトローラ」と聞くとまずテレビを連想し、半導体のことが頭に浮かぶのはその次だった。松下電器の発表が行われた当時のスタンダード&プアーズの株式ガイドを見ると、各社の主要事業内容を書く欄が小さく、モトローラについては「ラジオおよびテレビ、半導体」と書かれており、これはまったくの間違いとは言わないものの、実際のモトローラとは違う種類の会社を連想させる紛らわしいものだった。当時のこの会社の半分近くを占めていた、とても重要な通信事業部については完全に見落とされていたのである。

松下電器のニュースを聞いてモトローラ株の買いに走った人の一部には、単に好材料だから株価上昇の要因となるだろうとの期待だけで飛びついた人も間違いなくいただろう。しかしこの大きな買いは、金融界がこの会社の評価を事実と比べて著しく低く見積もっているという考えから生じたものとする論拠もある。歴史的にモトローラは、テレビ事業に関してゼニスなどの業界の主力企業とは違って、どちらかと言うと「負け組」とされているところがあった。もはやテレビ事業によって投資家の目がかすんでしまい、ほかにどのような事業があったか分からないという状態が解消され、PERを格段に高いレベルへと押し上げながら、新しいイメージが出来上がろうとしていたのだ。

ここまで高いお金をモトローラに払おうと群がってきた人たちのその行動は賢いだろうか。百パーセントそうとは言えない。それから数週間にわたり株価は下落して利益が消え、しばらく辛抱しなければならない時期が続いた。市場が弱気のときは、会社についての悪いイメージは良いイメージと比べてはるかに速く受け入れられる。市場が強気のときは、それが反対になる。残念ながら、このニュースを聞いてモトローラ株の買いに走った人たちは、その直後の週からしばらく短期金利が急上昇したために市場全体が下げ基調に転じ、当時優勢だった弱気の市場心理が強まる状況を呈した。

モトローラ株を買い急いだ人たちには、恐らくもう一つの力が働いていたと思われる。それは極めて見つけづらく危険な力であるうえに、最も洗練された投資家でさえも常に注意を払っていなければならないものである。一つの銘柄の株価がある特定のレンジで長い間取引されると（例えば、三八ドルの安値から四三ドルの高値の場合）、真の企業価値がこの価格水準であると考えてしまう。結果として、この株式の「価値」がそれくらいだと金融界が完全に慣れてしまったあとにその投資判断が変わり、株価が例えば二四ドルまで下落した場合、多くの人が買いに群がることになる。短絡的に、その株式は割安になっているはずだと思い込むのだ。しかしファンダメンタルが悪ければ、二四ドルでも高い可能性が十分ある。反対に同様の株式が、例えば五〇ドル、六〇ドル、七〇ドルと値を上げると、多くの人が株価はもう「高い」ので売って利益を確定したいという衝動にどうしても駆られる。この衝動に負けることは、非常に高くつくことがある。その理由は、株式投資において本当に価値のある利益とは、当初取得費用から何倍も価値が上がる株式を驚くほど大量に保有することで得られるものであるからだ。ある株式が「安い」か「高い」かをテストする唯一かつ本当の方法は、以前の株価との関係で現在の株価を見ることではない。その以前の株価に私たちがどれだけ慣れていても、だ。それはその会社のファンダメンタルが、現在の金融界によるその株式の判断と比べて著しく良好であるか著しく不良であるかを見ることなのである。

先ほども述べたように、投資界の判断の三つ目の要素として、業種や特定の会社の判断とともに考えなければならないことがある。以上のことをすべて併せたあとに初めて、ある一定の時期にその株価が安いか高いかの価値ある判断を下すことができる。この三番目の判断基準は、株式全般の見通しがどうなるかである。そのような市場全般の判断が一定の期間持つ影響力や、これらのことが現実からどれだけ離れているかということを見るために、今世紀で最も極端な判断が下された事例を二つ検証してみよう。今日の私たちが見ればバカげているように思われるかもしれないが、一九二七年から一九二九年にかけて金融業界は「新時代」がやって来たと本当に信じていた。当時の多くの米国企業の収益は、何年にもわたり一本調子で成長していた。深刻な業績不振は過去のものとなっていただけでなく、偉大なエンジニアでありビジネスマンでもあるハーバート・フーバーが大統領に選ばれるような時代だった。彼の手腕に対する期待は高く、その後の繁栄はさらに拡大していくのは確実と思われていた。そのような環境のなかで、多くの人は株式を保有して負けることなどあり得ないと思うようになっていた。そして、この株式投資で可能なかぎり儲けてやろうと思った多くの人たちは信用買いをし、本来ならば買うことのできないような量の株式を手に入れていた。現実によってこの特異な判断が間違いであることが分かったとき、何が起こったかはだれもが知っているとおりだ。世界大恐慌の苦しみと一九二九～一九三二年までのベアマーケットは長く人々の記憶に残ることになった。

一九四六年中旬から一九四九年中旬までの三年間に、金融業界が株は投資先として適当でないとした判断は、見通しとしては真逆だったが、見事に間違っていたという点では似た現象だった。多くの企業の収益は極めて良かった。しかし株価に関しては、当時の投資判断に倣って長年にわたりPERは低かった。金融界では「その収益では何の意味もなさない」と言われていた。それは「ただ一時的なものであり、来るべき不況の時代には急速に縮小してしまうか、消滅してしまうもの」なのである。金融界の記憶のなかには南北戦争後の一八七三年の恐慌が残っていた。それは一八七九年まで続いた極めて深刻な不況の始まりだった。第一次世界大戦後にはそれよりも深刻な一九二九年の経済崩壊が起こり、それから六年間はひどい不景気に見舞われた。第二次世界大戦は非常に大規模なものとなり、よって第一次世界大戦よりも経済のゆがみが大きくなっていたということは、さらにひどいベアマーケットとさらに深刻な不況の到来を暗示していると考えられていた。このような判断がされているかぎり、多くの株式は相当なバーゲン価格となっており、金融界が持っているイメージは間違いで、深刻な不況などやって来ないという明るい兆しが見え始めたとき、米国史上で最も長い株価上昇期となるべき地合となっていた。

多くの銘柄のPERが一九四六～一九四九年以来、二〇世紀中で二度目の低さであった一九七二～一九七四年のベアマーケット以降、そのような判断を下している金融界について、明らかに疑問が浮上した。この歴史的な低水準のPERを引き起こしているその恐怖は正しいのだろうか。今回も一九四六～一九四九年の完全なる再現ではないだろうか。

一般的なレベルで全株式を動かす要素と、その一般的なレベルにおいて一つ一つの株式の相対的なPERを動かす要因の間には根本的な違いがある。すでに議論したとおり、ある任意の瞬間を見たとき、一つ一つの株式の相対的なPERに影響する要因とは、単に特定の会社あるいはその会社が属する特定の産業について投資界がそのときどのようなイメージを持っているかの問題なのだ。しかし、株式全体の水準は単なるイメージの問題ではなく、金融業界が持つ株に対する魅力度に対する判断や、現実世界からもたらされる純粋に金融的な要因などの結果である。

この現実世界の要因は主に金利と関係している。長期金融市場か短期金融市場のいずれかで金利が高くなった場合、投資資金の大部分がこれらの市場に向かう傾向にある。よって、株式に対する需要が低下する。すると株式は売られ、資金がこれらの市場に充てられる。逆に金利が低いと、資金がこれらの市場から流出して株式へと向かう。したがって、金利が上昇すると株価の全体的な水準が押し下げられ、金利が下落すると株価が上昇するという傾向がある。同様に、一般的に所得に対する支出の割合を抑えようとするムードにあるとき、より多くの資金が全体としてプールされ、プール資金への流れがもっと緩やかなときと比べて、株価にとってより有利な状況となる。しかし、これは金利水準の話を比べるとずっと小さな影響である。それよりもさらに影響が小さいのは、株式市場における流動資金の減少要因とされる株式の新規公開による変動幅である。新規公開が一般的な株価水準に対する大きな変動要因にそれほどならないという根拠は、新規公開による発行株数は、別の影響によって株式投資の人気が高まる状況に乗じて増加するからである。株式の株価水準が低下すると、新規発行による供給は大幅に減少するものである。結局、新規発行による株数の増減は別の影響によるところのほうが大きく、自身の影響力はあまり大きな要因とはならないのである。

この株式投資における四番目の要素については、次のようにまとめることができる。ある特定の瞬間の特定の銘柄の株価は、その会社やそれが属する産業に対する金融業界の今の判断によって決定され、また全体的な株価水準の影響もある程度ある。そのときの株価が魅力的なのか、引きつけるものがないのか、あるいはその中間なのかは、金融業界の下す判断が現実とどれだけ乖離しているかに左右される。しかし、一般的な株価水準が全体の構図に与える影響という意味では、純粋に経済的な要因がこの先どう変わっていくかが正しく推定されるかどうか、ということにもある程度左右される。そのなかでもずば抜けて重要なのが金利である。

■著者紹介

フィリップ・A・フィッシャー（Philip A. Fisher）

1928年から証券分析の仕事を始め、1931年にコンサルティングを主としたフィッシャー・アンド・カンパニーを創業。現代投資理論を確立した１人として知られている。本書を執筆後、大学などでも教鞭を執った。著書に『株式投資で普通でない利益を得る』（パンローリングより近刊予定）、『株式投資が富への道を導く』などがある。なお、息子であるケネス・L・フィッシャーは、運用総資産300億ドル以上の独立系資産運用会社フィッシャー・インベストメンツ社の創業者・会長兼CEO、フォーブス誌の名物コラム「ポートフォリオ・ストラテジー」執筆者、ベストセラー『ケン・フィッシャーのPSR株分析』『チャートで見る株式市場200年の歴史』『投資家が大切にしたいたった３つの疑問』（いずれもパンローリング）などの著者である。

■監修者紹介

長尾慎太郎（ながお・しんたろう）

東京大学工学部原子力工学科卒。北陸先端科学技術大学院大学・修士（知識科学）。日米の銀行、投資顧問会社、ヘッジファンドなどを経て、現在は大手運用会社勤務。訳書に『魔術師リンダ・ラリーの短期売買入門』『新マーケットの魔術師』（いずれもパンローリング、共訳）、監修に『高勝率トレード学のススメ』『ラリー・ウィリアムズの短期売買法【第２版】』『コナーズの短期売買戦略』『続マーケットの魔術師』『続高勝率トレード学のススメ』『ウォール街のモメンタムウォーカー』『グレアム・バフェット流投資のスクリーニングモデル』『勘違いエリートが真のバリュー投資家になるまでの物語』『Rとトレード』『完全なる投資家の頭の中』『３%シグナル投資法』など、多数。

■訳者紹介

丸山清志（まるやま・せいし）

翻訳家。一橋大学法学部卒業後、カリフォルニア州立大学スタニスラス校政治学科卒業。米国現地生命保険会社に勤務後、日本の語学・留学関連会社を経て、翻訳家として独立。その後、CFPの認定を受けファイナンシャルプランナーとして個人事務所を設立。現在、個人・法人向けFP相談業務、講演活動、翻訳・通訳業務を幅広く行う。訳書に『ケン・フィッシャーのPSR株分析』『投資家が大切にしたいたった３つの疑問』『株式投資が富への道を導く』（いずれもパンローリング）などがある。

2016年6月3日　初版第1刷発行

ウィザードブックシリーズ㉓⑥

投資哲学を作り上げる 保守的な投資家ほどよく眠る

著　者　　フィリップ・A・フィッシャー
監修者　　長尾慎太郎
訳　者　　丸山清志
発行者　　後藤康徳
発行所　　パンローリング株式会社
　　　　　〒160-0023　東京都新宿区西新宿7-9-18-6F
　　　　　TEL 03-5386-7391　FAX 03-5386-7393
　　　　　http://www.panrolling.com/
　　　　　E-mail　info@panrolling.com
編　集　　エフ・ジー・アイ（Factory of Gnomic Three Monkeys Investment）合資会社
装　丁　　パンローリング装丁室
組　版　　パンローリング制作室
印刷·製本　株式会社シナノ

ISBN978-4-7759-7205-2

ベンジャミン・グレアム

1894/05/08 ロンドン生まれ。1914 年アメリカ・コロンビア大学卒。ニューバーガー・ローブ社（ニューヨークの証券会社）に入社、1923-56 年グレアム・ノーマン・コーポレーション社長、1956 年以来カリフォルニア大学教授、ニューヨーク金融協会理事、証券アナリストセミナー評議員を歴任する。バリュー投資理論の考案者であり、おそらく過去最大の影響力を誇る投資家である。

ウィザードブックシリーズ 10

賢明なる投資家

割安株の見つけ方と バリュー投資を成功させる方法

電子書籍版あり　オーディオブックあり

定価 本体3,800円+税　ISBN:9784939103292

市場低迷の時期こそ、威力を発揮する「バリュー投資のバイブル」

ウォーレン・バフェットが師と仰ぎ、尊敬したベンジャミン・グレアムが残した「バリュー投資」の最高傑作！　だれも気づいていない将来伸びる「魅力のない二流企業株」や「割安株」の見つけ方を伝授。

ウィザードブックシリーズ24

賢明なる投資家【財務諸表編】

定価 本体3,800円+税　ISBN:9784939103469

ベア・マーケットでの最強かつ基本的な手引き書であり、「賢明なる投資家」になるための必読書！　ブル・マーケットでも、ベア・マーケットでも、儲かる株は財務諸表を見れば分かる！

ウィザードブックシリーズ87

新 賢明なる投資家(上)

定価 本体3,800円+税　ISBN:9784775970492

古典的名著に新たな注解が加わり、グレアムの時代を超えた英知が今日の市場に再びよみがえる！ みなさんが投資目標を達成するために読まれる本の中でも最も重要な1冊になるに違いない。

ウィザードブックシリーズ88

新 賢明なる投資家(下)

定価 本体3,800円+税　ISBN:9784775970508

原文を完全な状態で残し、今日の市況を視野に入れ、新たな注解を加え、グレアムの挙げた事例と最近の事例とを対比。投資目標達成のために読まれる本の中でも最も重要な1冊となるだろう。

ウィザードブックシリーズ 44

証券分析【1934年版】

定価 本体9,800円+税　ISBN:9784775970058

「不朽の傑作」ついに完全邦訳！　研ぎ澄まされた鋭い分析力、実地に即した深い思想、そして妥協を許さない決然とした論理の感触。時を超えたかけがえのない知恵と価値を持つメッセージ。

ウィザードブックシリーズ207

グレアムからの手紙

定価 本体3,800円+税　ISBN:9784775971741

ファイナンスの分野において歴史上最も卓越した洞察力を有した人物のひとりであるグレアムの半世紀にわたる證券分析のアイデアの進化を示す貴重な論文やインタビューのコレクション。

関 連 書

ウィザードブックシリーズ 233

完全なる投資家の頭の中 マンガーとバフェットの議事録

定価 本体2,000円+税　ISBN:9784775972021

バフェットのビジネスパートナー、チャーリー・マンガーのすべて

本書は、マンガーへのインタビューや彼の講演、文章、投資家への手紙、そして、たくさんのファンドマネジャーやバリュー投資家やビジネス事例史家の話から抽出した要素を再構築して、マンガーの投資戦略に不可欠なステップを明かした初めての試みである。ベンジャミン・グレアムのバリュー投資システムから派生したマンガーの手法は非常に明快で、普通の投資家でもすぐに自分のポートフォリオに応用できる。しかし、本書はただの投資本ではない。これはあなたの人生を助けるメンタルモデルを育んでいくための教えでもあるのだ。

ウィザードブックシリーズ 230

勘違いエリートが真のバリュー投資家になるまでの物語

定価 本体2,200円+税　ISBN:9784775971994

バフェットとのランチ権を65万ドルで買った男！

本書は、ウォール街の闇に直面した若者が、賢明な道を見つけ、それによってはるかに大きな報酬（金銭的にも人間的にも）を得るまでの興味深い物語である。著者は、偏見を捨て、ロールモデルから学び、ありのままの自分を受け入れて大きな成功をつかんだ。本書は非常に意味深い内容であるにもかかわらず、投資の世界に関心を持ち、自分の道を切り開いていきたい人にとっては素晴らしい実用的な指針になっている。

ウィザードブックシリーズ 227

ウォール街のモメンタムウォーカー

定価 本体4,800円+税　ISBN:9784775971949

「効率的市場仮説」を支持したサミュエルソンはなぜ投資先をバークシャーにしたのか

効率的市場仮説は経済理論の歴史のなかで最も重大な誤ちの1つである市場状態の変化をとらえ、低リスクで高リターンを上げ続ける戦略

バフェットが執筆する「株主への手紙」を収録

14年ぶり改定第3版

「カニンガムは私たちの哲学を体系化するという素晴らしい仕事を成し遂げてくれた」――ウォーレン・バフェット

「とても実用的な書だ」―― チャーリー・マンガー

「バリュー投資の古典であり、バフェットを知るための究極の1冊」―― フィナンシャル・タイムズ

「このバフェットに関する書は素晴らしい」―― フォーブス

ローレンス・A・カニンガム 著

定価 本体2,300円+税　ISBN:9784775971857